星亮一
Hoshi Ryoichi

呪われた戊辰戦争

鎮魂なき150年

さくら舎

はじめに

政府の呼びかけもあって、明治維新150年に関する多彩なイベントが全国各地で行われている。

明治維新で中心的な役割を担った薩摩（鹿児島県）、長州（山口県）、土佐（高知県）、肥前（佐賀県）の四藩にあたる薩長土肥《さっちょうどひ》四県の知事が集結、連携して観光産業の育成、強化を図る広域観光プロジェクト「平成の薩長土肥連合」の開始を宣言。華やかに多彩なイベントをスタートさせた。

時の安倍総理は長州の出身である。鹿児島での遊説の際、薩長同盟を高らかに賛美、花を添えた。内閣官房には「明治150年」関連施策推進室が開設され、全国で行われるイベント情報が集約されている。

これに対して薩長土肥と激しく戦った会津藩を筆頭に長岡、仙台、盛岡、庄内は一方的に薩長土肥を賛美する政府の意向に反発する空気が強く、明治維新ではなく、戊辰《ぼしん》戦争150年をテーマに掲げ、明治維新に疑問符をつけるイベントが多くなっている。かくして日本列島分裂の明治150年の様相を濃くしている。

その中核を担うのは会津若松である。会津藩は幕末、テロが横行し、血生臭い事件が頻発する京都の治安維持のために、京都守護職を命ぜられて上京、新選組を従え京都の治安維持に当たり、孝明《こうめい》天皇から絶大な信頼を得た。天皇を玉《ぎょく》としか見ない薩長に対して、会津藩は神として天皇に仕えた。

そのさなか孝明天皇が不可解な死をとげ、政局は一気に流動化、岩倉具視《いわくらともみ》、西郷隆盛《さいごうたかもり》、大久保利通《おおくぼとしみち》が将軍徳川慶喜《とくがわよしのぶ》と京都守護職 松平容保《まつだいらかたもり》を追放する偽の勅書を作成、戦争に持ち込んだ。革命を成就させるには、徹底的に倒すべき旧体制が必要だった。

ところが徳川慶喜は、仏門に入り、徹底的に逃げ回った。かくて革命の生け贄に選ばれたのが、会津藩だった。

東北諸藩は、会津に罪はないと奥羽越《おううえつ》列藩同盟を結成、和平交渉に持ち込まんと努力したが、これも拒絶され、東北戊辰戦争となった。

越後の河井継之助《かわいつぎのすけ》も決起した。

会津藩は、一か月に及ぶ籠城戦を展開したが、武器弾薬の補充はなく、食料も切れ、佐賀藩のアームストロング砲で、城内は阿鼻叫喚《あびきょうかん》、死屍累々《ししるいるい》の様相を呈した。

かくて女性も含む三千人もの犠牲者を出して敗退した。白虎隊の少年たちが自刃する悲劇も生み、惨憺《さんたん》たる地獄の戦争だった。

降伏後、すぐ冬が到来、城下に散乱する遺体の埋葬もままならず、翌春まで戦死者たちが野ざらしにされたという悲話も残り、戦死者の魂が、今も会津の宙天にさまよっていると、多くの民俗学者や宗教学者が指摘している。

まさしく呪われた戊辰戦争、それが、明治維新という美名に隠れた真実の姿だった。

◆目次　呪われた戊辰戦争
——鎮魂なき150年

第二章　悪魔の使者

第三章　少年兵と長岡藩の戊辰戦争

第四章　使節惨殺

第五章　惨憺たる会津戦争

第六章　長州兵の記録

第七章　松平容保の胸中

第八章　復権への道

第九章　奥羽越列藩同盟の遺産

終章　怨念と鎮魂

呪《のろ》われた戊辰《ぼしん》戦争

——鎮魂なき１５０年

第一章　戦争前史

保科正之

会津藩には藩祖保科正之《ほしなまさゆき》が定めた家訓《かきん》があり、その第一条には「会津藩は徳川家のためにある」と記述されている。

幕府の政事総裁職、松平春嶽《まつだいらしゅんがく》、将軍後見職の一橋慶喜《ひとつばしよしのぶ》に、この点を突かれ、会津は京都守護職を受けざるを得なかった。

会津に立ち向かった長州藩の面々は松下村塾に学んだ破天荒《はてんこう》、狂気の集団だった。彼らは吉田松陰《よしだしょういん》を討幕のシンボルとして担ぎ上げ、会津藩と死闘を演じた。

時の孝明《こうめい》天皇もかたくなな攘夷論者だった。

「汚らわしい夷狄《いてき》を日本に入れてはならぬ」

と開国を拒んだ。

「しかし他に方法はない」

時の大老井伊直弼《いいなおすけ》は幕府の責任で、開国に踏み切り、反対者を次々に処分した。以後、京都は騒乱の巷《ちまた》と化した。

後年、慶喜は、

「会津を京都守護職に選んだのは、武力だよ。ほかは皆軟弱だったが、会津だけは、強かった」

と素直に語った。かくて会津藩は新選組を従え、テロリストを斬りまくることになる。

容保にとっても頭痛の種は孝明天皇だった。

天皇は開国に大反対、外国人を国内から締め出せと叫んでいた。天皇にとって外国人は夷狄だった。

慶喜も問題だった。いつもいい加減な対応だった。

「天皇は困ったもんだ」

といいながら天皇の前に出ると、

「幕府も実は攘夷にございます」

と心にもないことをいい、天皇や公家に迎合し、横浜鎖港を約束する始末だった。

容保はその都度、右往左往《うおうさおう》しなければならなかった。

長州は孝明天皇の周辺を固め、天皇はいわば棚上げ状態にし、公家衆と組んで密勅の偽造などお手のものだった。

孝明天皇はいわば孤独の王様だった。

これを知った薩摩が会津との提携を申し出、長州サイドの公家を一掃するクーデターを断行、長州を京都から追放した時、孝明天皇の喜びはひとしおだった。

ところが長州人の見方は違っていた。

朝廷は会津と薩摩に占拠され、天皇は軟禁状態にされている。御所に兵を繰り出し、孝明天皇をお救いしなければならない、と燃え上がる一方だった。

かくして長州のテロリストたちは、大胆不敵にも孝明天皇の奪還作戦に出た。

宮廷を取り仕切る尹宮《いんのみや》、中川宮朝彦《なかがわのみやあさひこ》親王邸を襲撃して放火し、混乱に紛れて孝明天皇を拉致、長州に迎え、長州政権を樹立せんという大陰謀である。

池田屋乱闘

会津藩預かりとなった新選組がテロリストの動きを探りあて、彼らが集まる池田屋を急襲した。

リーダーの桂小五郎《かつらこごろう》は、いち早く屋根伝いに対馬藩邸に逃げ込んだ。逃げの小五郎である。

新選組は、逃げ遅れた長州勢を斬りまくり、討ち取り七人、手傷を負わせたもの数知れずという大戦果を挙げた。

激怒した長州藩は、禁門《きんもん》の変を起こしたが、再び撃退された。このとき見かねた薩摩が会津を支援した。

会津藩にとっては、すべてが売られた喧嘩だったが、ここまでくると犬猿《けんえん》の仲どころではない。お互い泥沼の関係に陥った。容保が耐えに耐えたのは、孝明天皇の支えがあったからだった。

天皇の不可解な死

慶応二年、孝明天皇が突如、崩御される重大事件が起こった。天皇は痘瘡《とうそう》にかかり苦しまれたが、侍医《じい》たちの必死の治療で順調に回復に向かっていた矢先に、容態がにわかに悪化。全身に紫の斑点が現れ、息を引き取られたのである。

容保は驚愕悲嘆《きょうがくひたん》、まさに断腸のおもいだった。

孝明天皇は暗殺されたのだという噂が、たちまち、宮廷内部から広がった。

英国の外交官アーネスト・サトウもこれを報じた。暗殺の黒幕は岩倉具視《いわくらともみ》と噂された。

「これ以上、京都にいることはできない」

容保は帰国を決意した。しかし慶喜は許さない。容保には己の意志を貫けない弱さがあった。この弱さが会津藩を滅亡させる遠因になる。

薩摩の裏切り

孝明天皇の死を境に、幼帝をかかえる倒幕派が主導権を握り、幕府解体に向けて動き出した。機を見るに敏な薩摩は、会津から離れ、長州と手を組み薩長同盟を結成、幕府と会津の前に立ちはだかった。

土佐の坂本竜馬《さかもとりょうま》の斡旋だった。

慶喜は先手を打って大政奉還《たいせいほうかん》を断行した。薩長に国政を担当する能力はないと踏んだのである。しかし、一気に倒幕を目論む薩長二藩は、倒幕の密勅を作成するとともに、江戸で騒乱を起こし、慶喜を戦いに引き込んだ。鳥羽伏見《とばふしみ》の戦いである。

慶応四年正月三日、鳥羽伏見の戦いが始まった。薩摩、長州の兵力はせいぜい五千である。三倍の兵力を持つ幕府軍には、ゆとりすらあった。よもや攻撃しては来まいという先入観があった。そこを先制攻撃され、幕府軍は、いたるところで敗れた。

慶喜は、

「たとえ千騎戦没して一騎になるとも退くべからず。汝等よろしく奮発して力を尽くすべし」

と皆を集めて演説したが、その夜、容保を連れて軍艦で江戸に逃げ帰った。

なぜ容保が部下を見捨てて敵前逃亡したのか。会津藩兵は唖然呆然《あぜんぼうぜん》、言葉を失った。

慶喜の命令とはいえ、説明のつかない失態であり、容保は生涯、苦しむことになる。

慶喜と容保の逃亡で幕府は完全に瓦解した。

薩長は明治天皇を抱き革命政権を樹立した。薩長新政府である。

賊軍への転落

薩長新政府は敵対行為をとった幕府諸藩に対し、大要次の処分を発表し、江戸へ進攻を開始した。

第一等　徳川慶喜、開城、城・領地没収。
第二等　松平容保、松平定敬（桑名）、開城、城・領地没収。
第三等　松平定昭（予州松山）、酒井《さかい》忠惇《ただとし》（姫路）、板倉勝静《いたくらかつきよ》（備中松山）、城、領地没収。

孝明天皇時代、官軍であった会津は、賊軍に転落した。

会津の処分を決めたのは誰か。

西郷隆盛、木戸《きど》孝允《たかよし》（桂小五郎）、大久保利通、岩倉具視らで、なかでも長州の木戸孝允は容保の斬首を求めた。

革命政権の樹立には、抵抗勢力を壊滅させるというのが、彼らの考えだった。

修理を殺せ

慶喜に東帰をすすめたとされる家老神保《じんぼ》内蔵助《くらのすけ》の嫡男、神保《じんぼ》修理《しゅり》に、会津藩兵の批判が集中した。

修理を殺せと叫び、誰も止めることはできなかった。結局、容保が見殺しにした。こうした事態になると、容保は歯がゆい人物だった。

修理は長崎で、日本のこれからを学んだ俊英だった。薩長の幹部とも若干の面識があった。

鳥羽伏見の前線を視察した修理は、幕府・会津軍の劣勢を憂慮し、慶喜に江戸での再起を進言した。

慶喜はこれに飛びついた。

修理はその責任を追及され、自決に追い込まれる。事実上、容保の身代わりとなって命を落とした。

明治維新という言い方は、まことに巧妙な表現だった。革命をできるだけオブラートに包んだ表現が明治維新だった。

はっきり言えば明治革命だった。

薩長新政府が下したのは、会津の猛反発を十分に予測した処分だった。

会津藩は、死に物狂いで戦争に打って出るだろうが、会津の軍備は旧式である。

上野の戦争のようにアームストロング砲を使えば、いくら堅固な会津城でも粉砕は可能というのが村田蔵六《むらたぞうろく》の考えだった。

「なるほど」

木戸も西郷、大久保も対会津戦争は間違いなく薩長が勝利すると判断した。

会津は追いつめられた。

在京の会津藩首脳は、勝海舟《かつかいしゅう》や榎本武揚《えのもとたけあき》、大鳥圭介《おおとりけいすけ》らに会い、ともに戦うことを訴えたが、勝は幕府の武器、弾薬を与えたにとどまり、榎本の幕府海軍も一向に腰をあげない。

陸軍歩兵奉行の大鳥圭介が、関東で戦う姿勢をみせるにとどまった。

すでに薩長軍は江戸に向かって怒濤の進軍を開始した。

会津藩は日々、厳しい情勢に追い込まれる。

会津の主戦派

江戸に引き揚げた会津藩を仕切ったのは、若き家老梶原平馬《かじわらへいま》だった。二十代後半、陣将内藤介右衛門《ないとうすけえもん》の弟である。妻は山川大蔵《やまかわおおくら》の姉二葉《ふたば》であり、京都では、英国の外交官アーネスト・サトウとも付き合いがあった。

「薩長は間違いなく会津に攻め寄せる」

とみた平馬は会津軍の再軍備に乗りだし、旧幕府勘定奉行から借金して横浜に向かい、武器弾薬の購入に奔走した。

平馬が頼ったのは横浜の武器商人スネル兄弟で、小銃八百艇と弾薬を購入。汽船をチャーターし、スネル兄や長岡藩家老河井継之助《かわいつぎのすけ》らと新潟に上陸、武器弾薬を陸揚げした。

長岡藩が会津に深く同情し、薩長の謀略は許せないと会津支援を表明したことに平馬は意を強くした。また旧幕府の順動丸《じゅんどうまる》を手に入れ、品川砲台や箱館砲台の大砲、弾薬を新潟に運び込んだ。

部隊の再編では猛将佐川官兵衛《さがわかんべえ》を新たに中隊司令官に任命、砲兵隊長には山川大蔵を選び、幕府の小川町陸軍所でフランス式練兵を演習した。

寂しい帰国

容保はまな板の鯉の心境だった。江戸から国元に引き揚げる際も護衛に付く兵もごくわずかだった。
会津藩の正史、『会津戊辰戦史』に、

二月十六日、我公は和田倉邸を発し会津に帰る。
扈従《こじゅう》する者、左の如し
先備　頭千葉権助
甲士十六人

とあるだけだった。

第二章　悪魔の使者

奥羽鎮撫総督府

西郷らの動きは早かった。

即決即断、会津攻撃の実行部隊を仙台に送り込んだ。公家の九条道孝《くじょうみちたか》を総督とする奥羽《おうう》鎮撫《ちんぶ》総督府《そうとくふ》の仙台派遣である。

仙台藩の手で会津を攻め滅ぼそうとする大陰謀だった。九条ら三人の公家はいわば飾りもので、総督府を牛耳《ぎゅうじ》るのは、長州の下参謀世良修蔵《せらしゅうぞう》と薩摩の下参謀大山格之助《おおやまかくのすけ》である。

軍船が仙台湾に姿を見せたのは慶応四年三月十八日のことである。

この日、仙台湾に強風が吹いた。空はどんよりと暗い。

白波が大きく砕け、岸壁に飛沫が上がった。普段は茫洋とした霞の中にある松島も、荒々しい男の風景であった。

沿岸警備の仙台藩兵は、この狂風のなかを近づいてくる大型軍船の存在を知った。人びとの目は、はるか水平線に向いていた。

船は次第に巨大な姿を現した。

一行は翌日、東名浜に上陸した。仙台藩にとって予想だにしない奇襲であった。一行は次の顔触れだった。

奥羽鎮撫総督従一位九条道孝

副総督従三位沢為量《さわためかず》

参謀従四位少将醍醐《だいご》忠敬《ただゆき》

下参謀薩摩藩士大山格之助、長州藩士世良修蔵

薩摩藩部隊、隊長和田五左衛門、同斥候樺山彦右衛門、半隊長山本治郎兵衛ら戦士八十六人、雑兵役夫百二十八人

長州藩部隊、隊長桂太郎《かつらたろう》、同小隊長粟谷市太郎、同半隊長飯田千歳ら戦士百六人、雑兵三十人

筑前藩応接永田慎七郎、隊長大野忠右衛門、監察杉山新五右衛門、銃隊長貝原市之進、安永駿、菅弥一右衛門、和田市之丞、神尾七兵衛ら戦士百人、雑兵三十六人

総督付諸大夫塩部少輔朝山刑部、権少輔谷中書、戸田主水ほか兵九十七人

副総督兵三十四人、参謀兵十三人

このほかに、この船には仙台藩隊長大越文五郎、小監察伊藤十郎兵衛、銃士七十九人、遊撃隊湯目長太郎、黒沢亮之輔、兵百人と秋田藩士土屋源吾、泉恕助らも乗船していた。

一行は三月二日、京都を発し、大坂に出て、十一日に大坂から乗船、仙台湾に入港した。

出航の様子

文豪司馬遼太郎は、この時の様子を「斬殺」（『故郷忘じがたく候』に収録）という短編小説に描いていた。その導入部は、次のようなものだった。

乱世というものは、ときにおもいもよらぬことを人間にやらせる。

戊辰（慶応四＝明治元年）三月十日は、快晴であった。大坂湾頭に立つと、風なく海は凪《な》ぎ、沖あいの淡路島がありありとみえた。その天保山沖をすべりだした四隻の汽船がある。その船団には薩長兵わずか二百人――誤植ではない――が乗船しており、その二百の人数でもってあの広大な奥羽二州を獲《と》ろうというのである。獲るということが不穏であれば、とにかくも奥羽三十余藩をいま京都でできあがったばかりの新政府に帰属せしめ、奥州人の手で他の奥州人――会津藩――を討たしめようとしていた。しかも当の奥州羽州の天地は、京の新政府にとって敵か味方かさだかでないのである。

船団は、四隻であった。筑前福岡藩の船と、仙台藩の船が、それぞれ一隻ずつまじっている。筑前船には筑前藩兵百人が、仙台船には仙台藩兵百人がにわか官軍としてのっていたが、この両藩はほんの二カ月ほど以前、つまり鳥羽伏見の戦い以前はいわば佐幕派に属する藩であったし、いまも薩長に対してどれほどの服従心をもっているのか、たれにもわからない。

薩長兵二百は、薩摩藩船にのっていた。これらの最高幹部は、――御座船《おざぶね》と称されている三隻目の汽船に搭乗《とうじょう》していた。

これを読むと、奥羽鎮撫総督府の出発の様子が手に取るように眼前に浮かんできて、その筆力に圧倒された。司馬さんはさらに三人の公家について、次のように記述していた。

そのなかの首座が、奥羽鎮撫総督というとほうもない軍職をあたえられている従《じゅ》一位九条道孝であり、としは二十九歳であった。その添役《そえやく》として従三位《さんみ》の公卿である沢為量《ためかず》、とし五十。いまひとりは従四位の少将で醍醐《だいご》忠敬《ただたか》といい、としはまだ十九でしかない。出発したとき、京はまだ花には早かった。船が仙台につくころには花がひらいているであろう。

「しかし、奥州《みちのく》でも花があるかな」

と九条道孝がいうと、年配の沢為量がたしなめ、花は嵐山ばかりではござらぬ、みちのくの花を詠《よ》んだものは古歌にも多うござる、とかん高い声でいった。

これも心憎いばかりの表現だった。

これから何が起こるかわからない。

桜の花どころではないかもしれない。司馬さんは九条道孝の心中を察し、こう表現したに違いなかった。

三人は無能でも船酔いでもよかった。とにかくもかれら雲上人《うんじょうびと》たちは天朝《てんちょう》の御名代《ごみょうだい》であり、かれらをかついでいればこそ薩長は官軍であり、その兵力がわずか二百人でも奥州人はおそれをなして路傍に平伏し、一令のもと唯々《いい》として会津を討ちに走るであろうと予測されたし、そう予測する立場からいえばこの三人こそ百万の軍隊にもまさる戦力であった。

と司馬さんは続けた。

薩摩と長州の憎々しいところはここにあった。使えるものは、なんでも使う。いうなれば公家衆も道具であった。

錦切れ

兵士たちは、ダンブクロ姿に錦切れを縫いつけ、異様な服装だった。女たちを見ると、卑猥《ひわい》な声を投げつけた。

「あれはなんだ」

突然、大山が入り江に浮かぶ西洋型帆船を指差した。

この日、東名浜《とうなはま》には江戸の商人の船が停泊していた。商売の砂糖、陶器を満載し、南部釜石まで運搬する途中、ここで強風を避けていた。

大山はやにわに臨検を命じ、積み荷の中身を知るや、

「これは敵の船なり」

と分捕りを命じ、貨物と船を没収した。後日、それを売って数千両をかせいでいる。目撃した住民は驚き、婦女子は一目散に逃げ帰った。

「これが帝《みかど》の軍隊か」

仙台藩兵も余りのことに愕然とした。この日、一行は山本久米蔵の家に分宿した。

仙台藩から薩長派の若年寄三好監物《みよしけんもつ》が出迎えた。三好も意外な事態に顔色を変えた。前途に暗雲がただよった。

松島観瀾亭

総督一行は二十一日、松島を遊覧し、松島随一の旅館観瀾亭《かんらんてい》に宿泊した。

「九条総督がいる以上、最大の敬意を表さねばならぬ」

仙台藩藩主伊達慶邦《だてよしくに》は、首席奉行但木土佐《ただきとさ》ら三百人を従えて青葉城を出て、観瀾亭に向かい九条総督に拝謁した。

九条道孝は、摂家の一つ、関白尚忠《ひさただ》の長男で、鼻筋の通った貴公子である。後年、四女節子《せつこ》が大正天皇皇后となった。

副総督沢為量、参謀醍醐忠敬、総督も含めて薩長新政府の傀儡《かいらい》である。一行を牛耳るのは下参謀だ。

薩摩の大山格之助は西郷隆盛の配下で、文政八年生まれの四十三歳。後に綱良《つなよし》を名乗り、鹿児島県令となるが、西南の役が起こり、西郷に味方し斬首刑となる。この時の任務は庄内征討である。

会津担当が長州の世良修蔵で、天保六年生まれの三十三歳。高杉晋作の奇兵隊で活躍した。宿敵会津の攻撃に執念を燃やすが、不運な最期を遂げる。

伊達慶邦が型通りの挨拶をすませると九条が、

「余は奥羽鎮撫総督、九条道孝である。早々に人数を繰りだし会津へ討ち入ること、策略は参謀と申し談ずべきこと」

と抑揚《よくよう》のない声で命じた。

但木土佐は顔色を変えた。

仮にも仙台藩主の伊達慶邦である。一片の言葉で命令するとは何事か。慶邦の表情にも明らかに不快感があった。慶邦はそそくさと帰城した。仙台藩兵は、拳を握りしめて屈辱に耐えた。

彼らは仙台に入り、藩校養賢堂《ようけんどう》に陣を構えた。

玉虫、罵倒さる

世良はさっそく、参謀の玉虫左太夫《たまむしさだゆう》と若生文十郎《わこうぶんじゅうろう》を呼び出した。

「その方ども、会津に参ったそうだな」

世良がじろりとにらんだ。

大山、世良の両参謀はかわるがわる、これに罵詈雑言《ばりぞうごん》を加え、

「奥羽の諸藩中にて、少しはわけのわかる者ゆえ、使者に使われたのであろうが、見下げ果てたものだ。その呆気にこそ、左様な者どもの主人も知れたものだ。所詮奥羽には目鼻の明るい者は見当たらぬ」

と皮肉たっぷりに罵倒した。

玉虫は世良に対して会津藩には帝に楯突くつもりなど微塵もないと説明した。その瞬間、世良は激怒し、

「お前のような使者をだした慶邦も呆か者よ」

と罵声を浴びせた。

自尊心の強い玉虫は、歯をくいしばって耐えた。玉虫は明確に会津支持、反薩長を決意した。西郷は鳥羽伏見の戦闘を起こすべく、江戸で騒乱を画策したが、世良の行為もそれによく似ていた。世良と大山が悪魔の使者と呼ばれるゆえんである。

この日から玉虫は、但木がどのようになだめても、頑として反薩長の主張を変えなかった。

但木は迷った。

三好監物は、矢のように出兵を催促してくる。御一門の重臣たちも長い物には巻かれろで、すべて先送りである。但木は慶邦に決断を求めた。

「会津攻撃の準備だけは、せねばならぬ」

慶邦は答えた。仙台領内に早馬が飛んだ。領内の隅々にまたたく間に会津国境への出陣の知らせが伝わった。それぞれの領地で刀や槍が集められ、訓練が開始、鉄砲を求めて右往左往し

た。玉虫は夜遅くまで城内に詰め、但木の周りにいた。

巨大な出費

戦争は巨大な出費だった。

仮に一万人の兵を動かせば、最低でも数万挺の小銃と百万発、二百万発の弾丸を必要とする。火器を主力とする戦争は、弾丸を雨霰《あられ》のように撃ち尽くす消耗戦だ。どんどん補給をしなければならない。

食糧、衣服、兵士の手当て、輸送に当たる人馬、計算しただけで何十万、何百万両もの富が消えてゆく。

今後、どのように転ぶにしても急ぐべきことは、軍備の近代化である。但木は奉行の坂英力《さかえいりき》を軍事総督、玉虫を軍事局統取に抜擢、横浜から星恂太郎《ほしじゅんたろう》を呼び戻し、洋式部隊の編制に着手した。

一方、世良は次第に仙台藩に不信感をつのらせていた。世良は、この頃一通の手紙を江戸の総督府に送り、

「仙台は怪しい」

と訴えていた。その内容は、次のようなものだった。

我が軍艦、奥松島に入り、まず仙台の臣を召して会津の情実を聞いた。その答えを聞くと、

我らが聞いてきた話とは大いに違っている。その主張するところは、ただ伏見の発砲の前後を論ずるだけで、天下の形勢を知らない。薩長の暴力を咎めるだけで、会津の奸計《かんけい》を知らない。

米沢地方を探索すると、会津人は、官軍に屈する者は、すべて敵だ、といいふらしている。そういいながら陰では、仙台に通じている。仙台藩が怪しい第一の理由はここにある。さらに会津は、徳川や水戸、桑名の脱走兵多数を領内に入れ、近隣を掠奪しようとしている。

この事実が明白にもかかわらず、仙台はしきりに会津に恭順を説いている。

仙台藩は京都で、仙台一藩をもって会津を攻め落とすと壮言した。そこで白河城を仙台に与えたが、仙台藩は一向に兵を進めていない。聞くところによると、本月二十八日、徳川および水戸脱走兵千余人が白河城に宿陣したという。にもかかわらず依然、仙台藩は出兵していない。

白河、二本松の間には、会津の間道が多く、我々が白河城を奪ったとしても、それを保つことは難しい。会津兵に背後を襲われたならば、我々の生きる道はない。仙台藩が怪しい。

仙台藩は、会津を恐れている、というほかない。

仙台藩は大国とはいえ兵は惰弱《だじゃく》、操練は不精で烏合鶏連《うごうけいれん》と同じである。このような仙台藩を険難の地に行からしめるのは、帝にとってなんら功はなく、おそらく戦っても敗れるであろう。

米沢もまた会津に接し、その形状は怪しむべきことが多い。現に仙台兵が米沢領に入ることを拒んでいる。その他小藩は、論ずるに足りない。討会は極めて困難であり、死して国に益なきは、痛恨の極みである。願わくば薩長在京の雄兵八、九大隊を発し、長駆大進《ちょうくたいしん》、その巣穴を掃蕩《そうとう》せんことを望む。

世良は仙台藩の内部事情を調べ尽くしていた。三好監物は、世良を自家薬籠中《じかやくろうちゅう》のものにしたと思っていたが、世良は冷ややかに仙台を眺めていた。

それだけではない。世良は三好監物や遠藤文七郎から情報を得て、会津に同情的な玉虫や若生文十郎を逮捕して厳罰に処すよう執拗に迫った。

これを知った但木は遠藤を閉門の処分とし、世良との接触を禁じた。

世良は激昂し、連日、青葉城に姿を見せ、会津討ち入りを催促した。

会津出兵

但木はここで意外な手を打った。会津出兵である。

会津国境に兵をだすことで、会津に恭順するよう圧力をかける。奥羽鎮撫総督の面子も立つ。これは一石二鳥の戦略だった。

藩内にある会津討伐派を納得させるには、これしかない。ただし、戦端は開かないという策略だった。

ただし、これは危険な手でもあった。どこかで会津と衝突が起これば、全面戦争になる。

薩長に乗せられて奥羽の諸藩が血を流すのは、実にばかげたことであった。

但木は深くため息をついた。しかし、但木の本心もなかなか老獪《ろうかい》である。

遠藤文七郎のほかに、三好監物、坂本大炊も罷免した。これら薩長派の勢いを止めてから、会津国境に出兵する。いまやらなければ、江戸から続々と薩長の兵が来る。そうなっては遅い。仙台が奥羽をまとめるには、これしかない。

但木はそう決断した。

凶とでるか、吉とでるか。仙台藩は重大な岐路に立たされた。

さっぱり動かない仙台藩に、世良は焦りの色を深くした。

その世良の心を慰めてくれたのは、各地の遊女《ゆうじょ》だった。女の柔肌を抱くとき、世良は官能に酔いしれ、すべての苦悩を忘れることができた。世良は女性に優しい男だった。

白河十万石の城下町、本町の旅籠《はたご》街《がい》は、殺気立った雰囲気に包まれていた。

江戸の将軍は退位恭順し、天下は薩長に傾いていたが、会津藩は決死抗戦を唱えて、遊撃兵を各地に潜ませ、この白河にも会津兵の姿があった。

ここは奥羽の玄関である。

松尾《まつお》芭蕉《ばしょう》がここに来て「旅心定まりぬ」と記したが、ここからは、みちのくであり、はてしなく広がる山塊には、不気味《ぶきみ》な静けさがあった。

会津藩はこの山塊の奥に身を潜ませ、いずれ東北の関門白河を押さえ、関東に打って出て、薩長に挑むと鳥羽伏見の雪辱に燃えていた。

みちのくに来て、世良の目を引いたのは遊女のこまやかな人情であった。どこへ行っても色白の若い女がいて、誠心誠意、尽くしてくれるのである。汚れた下着を洗ってくれる。

ほこりにまみれ汗ばみ、異臭を放つ体をていねいにふいてくれる。至れり尽くせりのしぐさに世良は歓喜した。

長州では上司の目もあり、また薄給のため遊女とたわむれることは、そうできることではなかった。

奥羽鎮撫総督府の参謀ともなれば、軍資金もある。仙台藩がガードしていることもあって、自由気ままに遊ぶことができた。この時、世良は三十三歳である。まだ迷いのある年齢であった。

遊女しげ

白河に遊女しげの哀話が残されていた。

白河の定宿は坂田屋《さかたや》で、世良はそこで越後三条生まれの遊女しげとねんごろになった。

白河と越後は古くから交流があった。

白河領はなぜか女子が少なく、男たちは適齢期になっても嫁がもらえない。そこで時の藩主松平定信《さだのぶ》公が越後からの移入策をとった。越後の何カ所かに白河藩の飛び地があったためで、寛政から文政年間の百年間に八百人近い娘が、白河に移住している。

越後の女は働き者が多く、

「女ごは越後に限る」

とまでいわれた。

遊女も越後生まれがもてはやされ、地元の娘よりはランクが上であった。

世良は純情で、ひたむきに世良に尽くすしげに惚れ込み、朝からはべらせて、酒に浸る日もあった。

世良の育った辺りも貧農が多かった。しげが越後にかせぎの大半を送っているのを聞いて、世良はいくばくかの金子を与えている。

ひそかに世良の命を狙う会津兵の耳に、すきだらけの世良の姿が刻々伝わった。

「奴《や》は殺るしかない」

刺客が坂田屋に忍び込んだ時、しげはいち早く異常に気づき、

「旦那さま、早く」

と、東口から世良を逃がした。

「畜生、この売女《ばいた》めッ」

会津兵がしげに一太刀をあびせ、世良を追ったが、会津兵は逆に坂田屋の妓夫に取り囲まれ、乱闘の末、取り押さえられて喉を突いた。しげは肩口から切り裂かれ、激しく血を流し明け方に息を引きとった。二十二歳であった。

世良の意外な一面

世良はしげを抱きながら、郷里の友人二人に大要次の手紙を書き送っていた。

両君ますます御安泰ありなされ恐悦《きょうえつ》に存じ奉り、つぎに御一統御両様に御尽力のほど察し奉り候。

小子こと恙《つつが》なく奥羽局滞在、憚《はばか》りながら御放念くださるべく候。然るに小子こと、九条殿、沢殿、醍醐殿御三卿へつき添い奥羽出張、三月廿三日仙台城へ入着、四月十二日仙台出足、近々会境へ迫入り、同十九日会境土湯《つちゆ》と申すところにて一戦、廿日、御霊櫃《ごれいびつ》と申すところにて一戦、何れも官軍地利あしく賊軍兵、要彊《ようきょう》に拠りはかばかしき戦いにもいたらず、少々手負即死これありと申し候。

同五日、白川と申す城下へ出張、常陸の境なり。この口は会（会津）の正南、備えも厳重、近日兵相揃え討入りの手配致し申し候。

庄内へは薩長兵百五六十人にて、廿四日庄内城下より五里ばかり手前滑川《なめかわ》と申すところに関門を構え、大砲二十四門、兵七千人ばかりにて守り居り候ところへ討入り攻め落とし、薩手負七、八人、長即死四人、手負七、八人随分激戦の由なり。その後は会津を除くの外は弱《じゃく》かつ緩《かん》、ことごとく戦の用に相立ち申さず候。

この節はなはだ多忙、奥羽代官支配地四、五十万石の政事《まつりごと》会計のかけひき、みな僕一人に持ちかけられ、俗吏に成りたる戦士なり、七変化という様化け申し候

仙台の桜山を見て
むつの国、桜狩して思ふなり、花ちらぬまにいくさすればや
俗曲名取川
一筋におもいこんだる国のため、我身はたとへみやぎの名にうもれて死すとも、こころはよしや名取川
以上のよろしく仰せ進められくだされ候。なお御家内様にもよろしく御伝声くださるべく候、以上
閏四月十日
奥州白川陣中
夜半灯火にて書す
勢羅《せら》修蔵

一般的に言われている狂暴な世良からは想像もつかない、知性を感じさせる文面だった。遊女は優しい男に入れあげるという。その点、世良はもてる要因を備えていた。

本宮から福島へ

危機一髪、しげに助けられた世良は須賀川を経て本宮《もとみや》に入り、定宿の大内屋に駆け込んだ。
本宮も奥州街道の通り道で、この宿にも二十人近い遊女がいた。部屋は阿武隈川《あぶくまがわ》の清流に臨

み、眺望絶景である。

世良はこの夜、二十歳のお駒を狂おしく抱いている。白河での悪夢をかき消そうと、お駒を責め、ひとしきり愛欲のときを過ぎると、死んだように眠りこけた。

世良と同行している仙台藩大越文五郎の胸中に殺意がわいた。

世良が本宮から福島の宿舎金沢屋に戻ったのは十九日の午後である。ここも妓楼兼旅人宿である。

すぐ女を呼び、墨をすらせると、新庄にいる参謀の大山格之助に書状をしたため、福島藩用人鈴木六太郎に飛脚《ひきゃく》を手配させ、書状を手渡した。これが世良の運のつきとなる。

「仙台・米沢は弱国なので、とるに足らないが、会津が加わると難しくなる」

とあり、手紙を見た仙台藩士は激怒、この夜、遊女と寝ていた世良を襲って縛りあげ、町裏を流れる阿武隈川の河原で一刀のもとに斬首した。

この日、たまたま来ていた会津藩猪苗代口の中根監物・辰柳勇は狂喜し、感きわまって泣いた。

女は命からがら逃げ、一命をとりとめた。しかし、女はあくまで脇役で、「金沢屋の抱え娼婦」というだけで、その氏素性は不明である。

世良にとって、女はその夜のなぐさみでしかなかったのか。いやそうではなく、白河のしげも本宮のお駒も金沢屋の女も、それぞれにいつくしみを感じ、狂おしく抱いたのだろうか。世良の死を知った白河の人々は、奥州街道女石付近の路傍に、遊女しげを弔《とむら》う小さな碑を建てた。

その碑はいまも草むらのなかにある。戊辰戦争の陰に咲いた悲しくも哀れな物語である。

かくて仙台藩も薩長と一戦を交えることになった。

これが薩長なら人目につかない方法で、世良を殺し、

「あずかり知らぬ」

と、しらを切ったに違いない。仙台藩も会津と同じように謀略が苦手だった。信じがたい斬殺の方法だった。

宮内も世良を狙う

実はもう一人、世良を狙っていた男がいた。仙台藩大隊長の佐藤宮内《さとうくない》である。

佐藤宮内の大隊は、当初、須賀川の大和屋周辺に宿をとった。

佐藤宮内の任務は、白河から山道十里をのぼって勢至堂《せいしどう》峠にいたり、そこから鬼面山《きめんざん》にそって猪苗代《いなわしろ》湖畔に討入るというものであった。そこで、

「どれ様子を見てくるか」

一度、勢至堂口の地形偵察すべくわずかな供をつれ、会津国境に向かった。麓の長沼《ながぬま》までいくと、そこからむこうはすでに会津の国境守備軍の陣地であり、陣地のきわまで行って茶店に休んだ。その茶店で、会津藩士数人をみた。宮内は、自分は仙台藩士であると、名乗ったところ、会津藩士たちは、親しみをみせ、話に応じてきた。

宮内がこの方面の会津藩隊長に会いたいというと、彼らは、

「承知仕った」

宮内をともない、勢至堂頂上の陣地に案内した。陣地の左右には柵が植えこまれ、柵の前には空濠が掘られ、あちこちに会津兵が銃を構えて睨んでいた。

「これは珍客でござる」

会津の隊長木村熊之進《きむらくまのしん》は陣小屋に宮内を招き入れた。

背後は会津領で、猪苗代湖から吹き上げる風は心地よかった。

宮内は、

「奥羽鎮撫総督府から早く会津を攻撃せよと、やかましく催促されているが、我々は会津と戦などしたくはござらぬ。万が一、私どもが、この峠に攻め寄せざるを得ないときは、鉄砲は空《から》射《うち》を致す。お手前のほうもお手加減ねがいたい」

といった。

「ありがたいお話である。承知つかまつった」

木村がこれに応じた。

二人は世良修蔵の非を論じた。

別れるとき、木村熊之進が、

「先刻ご嘆息なされた一件、解決する道はひとつだけでござる」

「どのような」

と、宮内が聞くと、木村は、

「世良を」
と言い、斬るまねをし、
「これしかござらぬ」
と、宮内に小声でいった。

我が先祖

我（著者）が家は伊達《だて》政宗《まさむね》の時代から佐藤家の家中、家来だった。白河の戦争には当然、一族あげて参戦した。

当主星万右衛門は、宮内の父が江戸留守居役についたとき、江戸に同行して砲術を学んだ。二十歳の時だった。以来、十二年間、江戸に滞在し、帰国して仙台藩の砲術師範を務めた。『仙臺人名大辞書』に、門弟数百人とあった。

万右衛門は、私の曽曽祖父、高祖父に当たる。

戦争の時は知行地である伊具郡小斎《こさい》に戻り、家老名代として各方面との折衝、戦費の調達、作戦の指導に当たった。薩長軍の強さは熟知しており、服装は、地味にし、見張りを厳重にして、強力な敵軍が現れたときは、一歩、引くなどを指導した。おかげで小斎勢は一人の戦死者も出さなかった。

万右衛門の孫、私の祖父好松《よしまつ》は小斎村長を二期務め、阿武隈川から水を引き、農業の振興に努めた。

佐藤宮内は、世良を暗殺することはなく、戦後、明治を迎え、知行地も安堵された。

世良の首

世良の首は執政但木土佐の検分に供すべく白石に運ばれた。

「ご検分を」

と言われて但木は初めてわれに返った。

「わしがなぜ検分をせねばならぬ」

と、顔を背けた。

検分すれば但木が藩命として正式に世良を殺害せしめたことになる。但木はそのことを嫌った。

但木の腹は決まっていなかった。ふらふら腰であり、表情は明らかに青ざめていた。

「短慮《たんりょ》であったか」

そういう思いが全身にこみ上げた。

「されば首はどのように致しましょう」

と、首の運搬者が、かさねて問うた。

「白石川へでも捨てよ」

と但木は苦々しげにいった。

総督を秋田に追放

「九条総督ら鎮撫使の一行は、この際、仙台をでてもらうべし」

但木が叫んだ。

何か恐ろしいことが起こるのではないか。

世良の首をとったことで、事態は終焉《しゅうえん》したのか、それともあらたな事態が飛び出すのか、不安が胸をよぎり、但木は青ざめていた。

但木は旧総督の一行を秋田に追放し、奥羽諸藩の代表者を白石に集め、戦略の策定機関として奥羽越公議所を開設した。同盟諸藩から参謀を常駐させ、薩長に対抗する北方国家のビジョンを策定した。

会津藩からは、小野《おの》権之丞《ごんのじょう》、永岡《ながおか》敬次郎《けいじろう》、安部井《あべい》政治《まさはる》、諏訪《すわ》常吉《つねきち》らが詰め、仙台藩からは玉虫左太夫、若生文十郎らの俊英が参画し、米沢藩参謀も加わり、同盟軍戦略が練られた。

それは「白河の処置」「庄内の処置」「北越の処置」「総括」の四つからなる全二十三項目に及ぶ詳細なものだった。

当面の急務は白河戦略である。

白河から先に薩長軍を入れないことを第一とし、その防衛は会津藩があたり、仙台藩、二本松藩も大挙出動する。併せ会津藩が田島、日光口から関東に出兵し、旧幕府兵とともに宇都宮を奪回し、江戸へ進攻するとした。

玉虫は訪米の経験があり、軍艦を建造し軍備を整え蒸気機関によって産業を興し、外国人を雇い技術の導入をはかる。万国と交易し、国を富ませることを強調した。

やがて越後の長岡、新発田《しばた》、村上、村松、三根山、黒川六藩をも加え、奥羽越列藩三十一藩の大同盟を結成、西日本を拠点とする薩長新政府と全面戦争に踏み切ることになる。

しかし会津藩内では家老西郷頼母《さいごうたのも》、国産奉行河原善左衛門らが破竹の薩長と戦っても勝ち目はないと恭順を主張したが、藩論は徹底抗戦に変わり、会津藩は国境に兵を出した。

かくして、徳川慶喜、勝海舟抜きの戊辰戦争が展開される。

それは西郷、大久保、木戸らの巧みな誘導にはまった戦争であり、会津を叩くことで、抵抗勢力を殲滅《せんめつ》、革命政権を盤石《ばんじゃく》なものにせんとする策略だった。

会津藩は死にもの狂いで戦争に打って出る。しかし岩倉具視は、

「こちらは皇帝の軍隊、奥州諸藩はいずれ分裂いたすであろう」

とうそぶいた。

第三章　少年兵と長岡藩の戊辰戦争

驚きの記録

戊辰戦争に多くの少年が動員されたことは、会津白虎隊の例を見るまでもなく衆知の事実である。しかし白虎隊という組織化されたものではなく、従卒として第一線の戦闘部隊に投入され、戦場を駆け回り、辛酸をなめた少年たちもいた。

会津若松近郊、本郷《ほんごう》村の遠藤平太《えんどうへいた》もその一人だった。当時十六歳、志願兵の父虎之助と一緒に越後の戦場に向かった。

父は窯業、陶器の職人だった。

本郷村の陶工三十六人が、越後水原《すいばら》奉行、萱野右兵衛《かやのうへえ》隊に加わった。

会津藩は兵器、弾薬の供給基地である越後に一瀬要人《いちのせかなめ》を総督とする千名を超える部隊を送っていた。

長岡藩が越後諸藩のリーダーとして、奥羽越列藩同盟に加わったことで、薩長に衝撃を与えていた。

新潟港には武器商人、ヘンリー・スネルが店を開き、新潟には庄内藩、米沢藩からも重臣が常駐していた。

一方、薩長新政府軍は閏四月から上越高田《じょうえつたかだ》に続々、兵をくりだしていた。

閏四月二十七日、約七百の薩長新政府軍が会津藩の預かり地、小出島に攻め込み、会津軍は緒戦で敗れた。

雨の戦争

越後の戦争は別名「雨の戦争」ともいわれ、両軍ずぶ濡れになっての戦いだった。


五月五日、大風雨。妙法寺（刈羽郡西山町）辺にて大砲の音聞こゆ。

五月七日、信濃川《しなのがわ》満水。

同八日、なお出水、土手いっぱいに水があふれる。

同九日、雨、なお出水、土手危うく高張提灯出す。


と、本大島（長岡市）庄屋長谷川三男三郎ら土地の庄屋の記録（『長岡市史』資料編）にあった。

平太は信濃川の大増水を目の当たりにして自然の脅威に愕然《がくぜん》とした。

五月八日、雨は依然として止まず、平太の部隊は、釘付けになった。

五月九日朝、ようやく風雨も止み、信濃川を渡ることができた。

行軍は夜、野に臥し、山中で寝る厳しいものだった。草鞋なので、足の指と指との間は腐乱し、苦痛が甚だしかった。

朝日山

同盟軍は眼下に小千谷《おぢや》を見下ろす朝日山に布陣していた。平太もここにいた。

小千谷は、すでに薩長新政府軍に占領されている。

五月十三日早朝、奇兵隊司令で長州軍参謀の時山直八《ときやまなおはち》が指揮する薩長兵が、朝日山に攻めてきた。前夜、密かに渡河し、濃霧のなかを登攀《とはん》してきたのである。

「敵だ」の叫び声に、各自、持場の塁壁《るいへき》に身を伏せ、狙撃を開始した。

平太は初めての戦闘である。膝ががくがく震えた。

敵の先頭は時山直八である。同盟軍を甘く見ての攻撃だった。狙いをすました一弾が時山のこめかみに命中、時山は転倒、即死した。

長州兵は大いに慌て、時山の首級を抱えて敗走した。

「勝った。勝った」

平太は喜んだ。

生き肝

翌日の五月十四日は晴天となったが、新たな苦しみが待ち受けていた。朝日山は茅《かや》が繁るばかりで日除けになるような場所がなかった。暑さをさけるには茅の繁みに出て、横になるほかない。

ハエの羽音がうるさくて目を覚ました。怪しんだ平太があたりを確かめると、長州兵の腐りかけた首が、平太の枕元に捨ておかれていた。平太は、

「ぎゃ」

と声をあげて飛び起きた。

衝鋒隊《しょうほうたい》の歩兵が敵兵の生き胆を切り取って来て、

「まだ脈がある故、ご覧ぜられよ」

といった。ヒッコヒッコと動いている。

「どうするのか」

と聞くと、

「食するなり」

と飲み込んだ。

平太は全身に震えを覚えた。

炎煙空を覆う

五月十九日、平太の隊は朝日山を下り、小千谷を目指した。ところが午前十時ごろ、砲声が遠雷のように聞こえた。続いて北の方向で大火災が起こり、そのさまは天を焦がす勢いだった。

地元の人夫に火災の方向を尋ねると、

「長岡の城なるべし」

という。

会津兵は、後退を余儀なくされた。

「遅かったか」

萱野隊長は無念の表情だった。

栃尾《とちお》まで後退すると、長岡から避難してきた何千人という老若男女に会った。

病人を背負い、幼児の手を引く妻女、荷物を背負い、その上に子供をのせ、老人の手を引く妻女、皆、頭から泥土にまみれ、悄然《しょうぜん》と落ちてゆく姿は見るも哀れだった。

泣き叫ぶ子供たち

平太の隊は、新潟を目指した。その途中、あちこちで火災を目撃した。至るところで、集落が焼かれ、人々は、砲弾が飛来する中から身を避けるため山に逃げ込んでいた。

子供はギャーギャー泣き叫び、女子はワーワーと泣きわめき、命だけは助けてくれと叫んだ。

戦争は悲惨だった。

平太らは新潟に近い酒屋の陣屋に退陣した。そこで、新発田《しばた》藩の裏切りにより、太夫浜《たゆうはま》への上陸作戦が行われ、新潟港を奪われたことを知った。

萱野隊長は飯をかき込むや、四枚肩の早駕籠で酒屋を発って水原に向かった。

新発田藩兵が攻めてくるに違いない。

一同、駆け足で水原を目指した。へとへとだった。急ぎ新発田城下に通じる街道に塁壁を築き、防戦を固めた。父も塁壁に向かった。

父重傷

しばらくして、父が塁壁で撃たれたと知らせがあった。

「ええッ」

平太は狼狽《ろうばい》した。

父は、攻めてきた敵に、塁壁の上から太刀を振るって一人を斬り倒したという。その時、銃を持った敵が現れ、父は左腕を撃たれたというのだった。

ほどなく父が、左腕を押さえて追いついて来た。傷は軽いように見えたが、日を追って悪くなり、歩くこともままならなくなった。

人々の助けを借りて、四、五日がかりで会津若松にたどり着き、軍事病院に担ぎ込んだ。

西洋医松本　良順《まつもとりょうじゅん》の診断は、切断しなければ命の保証はないという。

松本良順は幕府の西洋医で、当代切っての名医であった。戊辰戦争で多数の怪我人が出ていると聞き駆けつけてきたのだった。

大手術

八月十二日、松本医師執刀の下に左腕の切断大手術が行われ、無事、終了した。十五日には藩主松平容保と養子若狭守の二人からお見舞いの口上書が寄せられた。しかし父虎之助の病態は日々、悪化していった。

「敵が来る」

とうわ言を繰り返し、錯乱《さくらん》状態に陥った。

そこに敵軍が城下になだれ込んだ。

平太は必死に父を背負い、知人に手伝ってもらい、本郷の生家に父を運んだ。父は意識が途切れがちだった。

八月二十四日、鶏鳴《けいめい》暁を告げ、東天紅《とうてんこう》を催すころ、父はついに不帰の客となった。享年四十一であった。

平太は父の遺体に取りすがって号泣した。

悲痛凄惨

家族は天を仰いで嘆息し、地に伏しては泣き、祖母及び母の落胆一方ならず、気も狂わんばかり悲痛凄惨を極めた。

「もう戦争は嫌だ」

平太が二度と戦場に戻ることはなかった。

後年、平太は本郷村の村長を務め、

「戊辰戦争は誤りであった。会津藩は和平の道を模索すべきであった。領民を苦しめ、いくたの人々を悲しませた」

と、この戦争を批判した。

これは領民の偽らざる声だった。

父を撃った新発田兵の裏切り行為にも恨みを抱き、新発田と聞くと不快だった。

武装中立

長岡藩家老河井継之助は、越竜《えつりゅう》と呼ばれる俊英だった。戦争になれば越後は修羅場《しゅらば》と化す。領民の困苦を思い、戦争に踏み切ることには、ためらいがあった。

まずは薩長新政府軍参謀と談判である。

継之助は、五月二日、小千谷に薩長新政府軍参謀が進駐したと聞くや麻裃の姿で従者一名を連れ、単身、小千谷の慈眼寺《じげんじ》におかれた薩長新政府軍の陣営を訪ね、談判に及んだ。

継之助の本心は武備恭順、非戦であった。

越後口の薩長新政府軍参謀は、長州の山県有朋《やまがたありとも》、薩摩の黒田《くろだ》清隆《きよたか》、いずれもそれなりの人物だった。しかし二人は不在で、継之助の前に出てきた人物は軍監、土佐の岩村精一郎《いわむらせいいちろう》だった。

世の中の奥の深さを知らない線の細い、二十三歳の若者だった。

「これはだめだ」

継之助は直感した。

薩長新政府軍は、長岡藩に対し会津攻撃の出兵か、献金を求めていた。しかし継之助はどちらも拒んでいた。

「出兵、献金、いずれもご用命に随っておらず、まずもって申し訳なき次第」

継之助は冒頭、わび、戦争をする気はない旨の嘆願書を提出した。

「遅い」

岩村はにべもなく継之助が差し出した嘆願書の受け取りを拒否した。

談判は成立しなかった。

継之助は、唇をかみしめて席を立ち、近くの料亭で食事をとり、また慈眼寺に出かけ、取次を頼んだが、二度と岩村は現れず、嘆願書は拒否されたままだった。

「かくなる上は、やむなし」

継之助は、抗戦を決意した。

かくて越後は戦場となった。

継之助は自らガトリング機関砲を操って戦ったが、足に銃弾を浴びて昏倒《こんとう》、長岡城は陥落、継之助は会津に向かう途中、会津領只見《ただみ》で動けなくなった。

知らせを受けた会津藩は、西洋医松本良順を只見に派遣したが、すでに手遅れだった。

長岡藩は、悲惨だった。

新潟を奪われたことで、形勢不利と米沢藩兵が去り、会津藩兵も越後国境の防備を固めるために長岡を撤退していた。

継之助は孤軍奮闘、一度奪われた長岡城を奪還したが、被弾したためこれ以上、戦うことはできなかった。

長岡藩の婦女子は、会津に向かう八十里峠の入り口、村松藩領の吉ケ平《よしがたいら》（南蒲原郡下田村）を目指した。

継之助が担架に揺られて峠を越えるのは八月五日である。

途中、雨に降られ、峠は田んぼのようにぬかるみ、歩行は困難を極めた。

八十里こしぬけ武士の越す峠

継之助は自嘲《じちょう》を込めてこう詠んだ。

継之助の足は腐敗し、悪臭がひどくなっていた。一刻も早く会津城下に運び治療すべきだったが、継之助はかたくなにこれを拒んだ。

継之助の従卒松蔵に棺桶を作らせ、眠るように息を引き取ったのは、八月十六日夜八時前であった。

享年四十一。

継之助の死はただちに会津にもたらされ、長岡藩侯は愕然と肩をおろし、会津藩首脳も深い悲しみに包まれた。

化けの皮

「会津も化けの皮がはげたとみえるなあ」

継之助はこんな言葉も最後に残していた。

五月一日、白河の戦争で、会津、仙台の連合軍が敗れたと聞いたとき、継之助の脳裏に浮かんだのは、

「まさか」

という驚きだった。この日から継之助の苦悶が始まった。

会津若松には主君を避難させており、梶原平馬の甘言に乗せられたか。継之助の心には、己の判断の甘さを責めるものがあった。

奥羽越列藩同盟は継之助を助けて、長岡を死守すべきだった。

米沢も会津も逃げ腰で、長岡を見殺しにした。

愛憎河井継之助

司馬遼太郎はじめ多くの歴史家や作家が、継之助を描いてきた。その中で新潟のジャーナリスト中島欣也《なかじまきんや》さんの『愛憎《あいぞう》河井継之助』は注目すべき作品だった。

継之助は、必ずしも英雄ではなかった。

長岡戦争で多くの犠牲者を出し、城下の大半を焼失した。その反発が長岡にはあった。

私は以前、継之助の墓前祭で、長岡に出かけたことがあった。行ってみると参列者は十人足らずだった。

「我々は少数派です」

と幹事の方がいった。

「継之助が戦争を起こさなければ、長岡はもっと大きな町になっていたでしょうな」

といった商業界の人物にも出会った。

「冗談でしょう。継之助が存在したから、今日の長岡があるのでは」

と私は反論した。

中島さんが継之助に愛憎という言葉を使った意味は、越後人が持つ継之助に対する愛惜の情だった。

中島さんはこう描いた。

「長岡取り返しの時、継之助が負傷さえしなければ、戦局は予断を許さなかったであろうとは、いろいろなところで書かれていることだが、継之助とて神様ではない。東軍兵力の大きな部分を占める米沢藩が西軍の背後上陸を知ると、真っ先に引き揚げ始めるような状況下では、継之助が健在でも、結局戦いは同じ経過をたどったとしか、私には思えない。そしてむしろ、戦いがそういう結末になることを、はじめからよく知っていたのが、継之助なのだ」

と述べていた。

継之助をどう表現したらいいのか。非常に重く難しい。

継之助の遺骨は五月二十一日、主君が待つ会津城下の健福寺に運ばれ、二十二日の葬儀は会津藩主松平容保や桑名藩主松平定敬ら多数が参列し、ありし日の継之助をしのんだ。

継之助の死は越後を完全に失ったことを意味し、列藩同盟はまさに崩壊の危機に直面した。

第四章　使節惨殺

秋田の惨劇

仙台藩首席奉行但木土佐は、九条総督ら奥羽鎮撫使の一行を秋田に送り出してから重大な失敗に気づいた。

世良の斬殺はやむを得なかったとしても九条総督は金の卵である。手元に置いて薩長新政府との交渉に使うべきだった。

「何たることか」

但木は頭を抱えた。

そこで九条総督ら一行を仙台に戻すべく、志茂《しも》又左衛門《またざえもん》を正使とする十二人の使節を秋田に派遣した。

もし薩長だったら三百人前後の護衛をつけたはずである。南部藩にも応援を依頼したであろう。そこに仙台藩の抜かりがあった。

仙台藩使節の来訪に、秋田藩首脳の意見は分裂した。

「この際、九条総督を担いで、官軍となり賊軍の庄内藩をうつべし」

「同盟の信義はどうされるのか」

と反論する者も多く、甲論乙駁《こうろんおつばく》で、さっぱり結論が出ない。

藩重役たちの優柔不断さに業を煮やした若手の勤皇派の集団は、総督府の一行に相談した。

大山参謀は、

「使節を斬って官軍になるべし。今夜、直ちに決行すべし」

と命じた。長州藩隊長桂太郎も小躍りして喜んだ。さすがに実行となるとひるむ者も出た。

「たとえ戦国の世なりといえども、使者を斬るは義に反する」

と渋った。

「あいつらは使者でない。わが総督府のご三卿や尊藩の君公の生命をつけ狙う刺客《しかく》だ。城下に放火してひと騒動おこす密計のあることも発覚しておる」

と大山はけしかけた。

これぞまさしく悪魔の呪いであった。

藩首脳もこれに押された。かくて前代未聞《ぜんだいみもん》の使節斬殺という悪行が実行に移された。

宿舎急襲

内命を得た勤王派の壮士達は、七月四日夜、仙北屋と幸野屋に止宿中の仙台藩士を襲って、あくる五日の朝までに正使志茂又左衛門以下六人を斬り、五人を捕えて牢に送った。そしてこの五人も、その月の十六日斬られてしまった。あまりにもひどすぎる行為だった。

おまけに、次のような余話まであった。

襲撃のあった日から一日おいた六日、城下で二人の少年が捕えられた。志茂又左衛門の弟丁吉と、その従僕であった。

兄が秋田へ発って間もなく、志茂家では急用が生じたため、それを伝えるべく後を追って来て、兄の所在をたずね回っているうちに言葉の訛りから仙台人と知れ、捕われたのであった。

この二人も、十六日に斬られた。

この騒ぎに巻き込まれ南部藩士一人も誤殺された。のちに押収した一行の荷物の中から火薬などが発見されて、大山らの目に狂いがなかったことが明らかになったというが、これは無論、ねつ造だった。

首をさらす

急進派尊王武士の一行は、使節の首を秋田の五丁目にさらし、遺体は八橋刑場に葬った。その後、同市寺内の西来院に移葬され、寺に殉難碑と位牌《いはい》が残っている。

碑の裏に彫られた名前は十一人、位牌にも十一人が記されており、仙台藩使節は十一人と長く信じられてきた。しかし昨今の研究で十二人と訂正された。

いずれにせよ、総督府幹部がけしかけた仙台藩使節の皆殺しは、秋田の維新史上、最大の汚《お》点《てん》であった。

この残虐行為は、仙台藩に一大衝撃を与え、仙台藩は秋田藩に宣戦を布告、秋田に攻め入ることになる。

秋田と国境を接する南部藩も秋田に侵攻、大戦争の様相を呈した。

仙台藩の甘さが列藩同盟を揺るがす大事件となり、会津の孤立化も一層進んだ。

情けない、実に情けない出来事だった。

二股かけた新発田藩

長岡で取材していたころの話である。

会津藩士の墓がある長岡近郊の寺院を訪ねた。住職は不在で、おばあさんが対応してくれた。

「会津の方から取材に参りました」

というと、おばあさんは、

「それは、それは、ご苦労様です」

とお茶を出してくれた。

「おばあちゃんは、どちらのお生まれですか」

「私は長岡の士族の娘でございます。長岡が敗れたのは、新発田が裏切ったせいだと父は申しておりました。憎き新発田奴《め》と思って育ちました」

「やはりそうですか」

「父は新発田人と口をきいてはならないと申しておりました」

「なるほどねえ。福島の方では二本松の人々が三春《みはる》の人々を裏切り者と責めていましたねえ。

戊辰戦争の恨みは深いですね」

「それがですね。私、お茶をやっておりまして、新発田でお茶の集まりがあり、どうしても、いかなければならなくなりました。父も亡くなっていましたので、思い切って出かけました」

「ほう」

「そしたら皆さんいい方ばかりで、それ以来、よく新発田に出かけております。ホホホホ」

おばあさんは笑った。

長岡周辺では、新発田というと、裏切り者の名前が定着していた。裏切りは紛れもなく事実なのだが、巧妙な二股作戦をとったため、会津藩も米沢藩、庄内藩も見事に騙された。

当時の新発田藩に江戸家老、窪田《くぼた》平兵衛《へいべえ》という有能な人物がいた。

京都政変を受けて慶応三年十二月二日、上京し、京都の情勢をつぶさに視察、天皇を抱く薩長新政府軍のすさまじい威力に圧倒された。

「菊が栄えて葵が枯れる」

平兵衛はそう感じた。

怒りを露わ

長岡の史家今泉鐸次郎は大作『河井継之助傳』で、新発田藩を、大要こう批判した。

新発田藩は、一貫の主張ありというのは、すこぶる疑わしい。東西両軍の間に立ち、その何れにも秋波を送り、節義を売り、利勢を追い、かくして巧みに勝者の背後に随従し、もって勤王の美名の下に過分の恩賞を得たる者なり。

もしこれを利巧《りこう》といえば、確に利巧者である。

しかし節義は尊く、重いものである。あたかも娼婦の如く節義を売り、約束を破り、しかして利巧者の名を博した新発田藩にくらべれば、東軍諸藩の行動は、あくまでその誓約に信頼して、ために愚直の嘲《あざ》けりを買ったが、その行動は、極めて尊いものである。新発田藩の裏切と切歯し、その面に唾せんと憤怒するものもいる。

と怒りをあらわにした。河井継之助の信奉者にとって新発田藩は、裏切者どころではない。あたかも娼婦の如くに節義を売り、約束を破る二枚舌の大ペテン師だった。

言葉の壁

新発田藩の動きを重視した仙台藩も、玉虫左太夫を派遣して新発田藩の意向をただした。玉虫は渡米の経験もあり、会津を訪ね松平容保との話し合いをしており、広い視野を持つ論客である。

中島欣也さんも『裏切り』と題して、この時のことを書いていた。

新発田藩中老、溝口半兵衛と玉虫の会談は、藩侯の下屋敷清水谷別殿で行われた。

溝口の言葉は、ひどい新発田弁、玉虫は仙台のヅーヅー弁である。

標準語に直せば、玉虫はこう切り出した。

「今日の時勢、皇国にとり、まことに以て、憂慮に堪えざる次第。この時にあたり、各藩それぞれに出処進退を誤らざることこそ、肝要のことかと存ずる。して単刀直入ながら、貴藩は佐幕か、勤皇か」

と玉虫はいった。

半兵衛は当惑した顔つきで、目をぱちぱちさせながら、

「フング、ムンズ、ヌング」

といった、意味が分からない。

「紙とスンズリ（硯）持ってこせ」

と溝口がいい、筆談になった。

これもチンプンカンプン、なにも収穫はなかった。

溝口は最後までとぼけ、玉虫を煙にまいた。

新発田藩はしたたかだった。

新発田市史

新発田市の歴史研究者は、この時期の新発田の動きをどう表現しただろうか。

『新発田市史』を読むと、二つの戦略を客観的に記述していた。

この戦争は、薩長新政府軍に利あり、列藩同盟に勝利はないという江戸家老の分析が根底にあった。しかし、周囲を長岡藩、会津藩、米沢藩に取り巻かれている。双方に顔を出し、二股工作をするというのが作戦の基本的な方針だった。

新発田藩が最初にとった行動は、新政府に同調することだった。江戸詰めの速水《はやみ》八弥《はちや》を隊長とする二百人の軍勢を京都に送り、さらに新発田からも二百の兵を送り、新政府の指揮下に入り、御所の警備を担当、新政府にゴマを擦った。

やがて会津藩主導の越後会議が開かれると、新発田藩は、ちゃっかりこれに代表を送った。江戸から帰国するとき、新発田藩公父子は会津街道経由で帰国したが、会津若松で足止めを食い、京都派兵に関して厳重抗議を受けた。しかし、のらりくらりと、会津藩の追及を逃れた。二股作戦は実に巧妙だった。奥羽越列藩同盟にも参加、会津藩の降伏謝罪の嘆願書にも署名し、たくみに二股工作を実行した。

分担金も同意

新潟の列藩同盟会議所には、家老が交代で詰め、同盟諸藩との連絡にあたり、この間、異人館に滞在中のオランダ商人スネルから小銃や銃弾を購入していた。その武器を会津藩に強要されて提供し、同盟諸藩で購入することとなった甲鉄艦の分担金二万両の割り当てにも同意した。甲鉄艦の購入は、戊辰戦争の戦火が新潟に波及して、ご破算になったが、すべては巧妙に取り繕われた。

その一方で、薩長新政府軍にも使者を送り、同盟軍の戦略を通報、藩論は勤皇であると、約束を交わしていた。

城下を戦火から守るには、これしかないというのが新発田藩首脳の考えだった。

五月一日、奥羽の関門、白河で会津、仙台の連合軍が大敗したことも大きく影響した。

これには米沢も手が出なかった。

農民を操作

穀倉地帯の越後平野には、豪農の存在があった。彼らは尊王を支持し、配下の農民に働きかけ薩長新政府軍を支持することを求めた。

新発田藩の二股作戦は、農民の動きと表裏一体をなすものだった。つまり綿密な共同作戦だった。

加茂《かも》へ向けて出動した際も、農民を繰り出し出兵を止めた。農民数百人が各地より集まって、藩兵に、

「進軍するなかれ、官軍と戦うなかれ」

と阻止するため進むことができず、一行は西島妙蓮寺に宿降した。

業を煮やした米沢藩は、新発田藩主を米沢の監視下に置くべき行動を起こした。

この時も、領民たちは、

「それは米沢藩の人質だ」

と騒ぎ、新発田城下の町人を始め、農民、さらには預り地の下興野（旧豊栄市）の農民たちもいっせいに蜂起し、数千人の領民が阻止行動を起こした。

このため下関《しもせき》へ向けて城を出発した藩主の駕籠と御供の少数の藩士は、数百人の農民に道を塞がれて進むことができなかった。

同盟軍は、たびたび要求をはぐらかされたので、勘忍袋《かんにんぶくろ》の緒が切れ、六月九日夜から新発田城包囲態勢をとり、五十公野《いじみの》、佐々木、真野原、島潟堤等に大砲を配置して各地に軍隊を進めた。

この時、新発田藩は城下の婦女子に避難を命じ、藩士はそれぞれその部署につき、万一同盟軍より発砲すれば、応戦すると決断、はっきり新発田藩の立場を主張した。

理由はともあれ、新発田藩の行動は明らかな裏切り行為と見なされ、周辺地域との間に、しこりを残す結果になった。

お寺のおばあさんは、新発田と和解したが、長岡では今日なお新発田に対する怨念は消えていない。

以前、長岡市で、教育評論家を招いて講演会が企画されたことがあった。

「ところで講師は、どこの御出身かね」

という人がいたので、

「そうですねえ」

と調べたら何と新発田の生まれだった。

「まずい、まずい。中止、中止」

となって、講師を取り替えたことがあったという。

三春狐

同じような問題が福島県でも起こっている。三春藩が列藩同盟を離脱、隣の二本松藩に攻め込んだ。会津、仙台からの支援もなく、このままでは薩長新政府軍の攻撃で、町は炎上すると判断した三春藩首脳は、攻め寄せた土佐の断金隊《だんきんたい》に接触、先兵となって、奥州街道の二本松藩に攻め込んだ。

二本松藩は少年隊を含めて抗戦したが、圧倒的勢力の薩長新政府軍に蹴散らされ落城した。

二本松の人々は、三春狐と呼んで、恨みを抱いてきた。

三春藩の先鋒となったのは後年、自由民権運動の闘士となる河野《こうの》広中《ひろなか》だった。

広中の生々しい奮戦記が残っている。この自慢話の内容は、ひどすぎて二本松の人々が怒るのもうなずける。

河野広中談の要旨は次のようなものだった。

自慢話

初日、二日は二本松の手前、本宮《もとみや》の攻防戦である。

七月二十七日、我輩は土佐の断金隊に加わって壮烈な一戦を試みた。

本宮は二本松より二里半ばかり隔《へだ》たった土地で、二本松と仙台との連合軍が阿武隈川をへだて堅陣を張っていた。この賊軍を掃蕩すべく断金隊の半小隊が川をへだてて銃火を交えた。賊軍は頑強な抵抗を試み、殊に多勢をたのんで味方の猛烈な攻撃に屈せず、退却しそうにもない。されば突撃を試みるしか他に方法がない。

日頃より剛遇《ごうまい》の聞え高い隊長の美正貫一郎《みしょうかんいちろう》は指揮旗を背に負うより早く、槍を小脇に振込んで、者ども続けとざんぶと流れにとび込み抜手を切りつつ突撃した。

銃丸は雨より繁しく落下する。続いて広中もとび込んだ。

川の途中で、敵の一弾が、美正の右のこめかみに命中した。

「アッ」

と叫んだ痛恨の声を最後に、附近の波を淡紅にぼかして、流石《さすが》の勇将も押し流された。

銃丸は益々繁く、あたかも百千の雷が一時に耳辺に轟落《ごうらく》したかのようだった。

岸の味方は、

「危険だ。はやく引返せ」

と叫ぶ。なおも進むと、

「犬死するのは能でない。策を立てて前進せよ」

と絶叫する。

向こう岸に達しないうちに、隊長と同じ運命に陥るは必定と、広中は残念ながら引き返した。

しかし味方に舟がない。是非敵の舟を奪わねばならない。決死隊が川を渡って舟を奪い、広中は決死の同志十数名とこの舟にのり、雲霞の如き賊軍中に突っ込み、痛烈極まる大接戦を試み、敵の中堅を突破して勝どき高く一帯の陣地を占領した。

三百人を殺害

広中は、この一戦ほど人を沢山ブった切ったことはなかった。

一時間ほども戦ったろうか。

賊の死者は三百人、血河屍山《けっかしざん》、その光景は実に凄絶惨絶《そうぜつさんぜつ》を極めた。

翌二十八日は一層厳しい戦いとなった。

阿武隈一帯の要地の陥落は二本松にとって要衝をとられたと同様である。

彼等は一挙に態勢を快復せんと、西の方、会津口、北の方は二本松口、さらに官軍の背後に当たる南の方に最も優勢の隊をそろえて三方より攻めてきた。

北方二本松の本城より大兵を以て猛襲して来るらしい。

「コリャ観戦しておれぬ」

二本松方面は薩摩、大村、黒羽各藩の兵に長州を加えて堅め、会津口は土佐の本隊と長州の兵、南方には彦根藩と館林藩の兵を向けてあるという。

手落ちのない参謀の配兵に感心して、明神山へ駈け戻ると南方の戦争は一層猛烈を加え、刻々、官軍は退却する。

勝に乗じた敵兵は早くも町外れに達して居る。

「これはしたり、町に火を付けられると大事だ」

と思っている所へ伝令が来て、断金隊は直ちに南方に援兵として急派すべしとの命を伝えた。

本宮の南郊に赴くと、賊の先鋒が五十名ばかり町に乱入し西伝寺という寺の向かい側よしずを立てかけた茶屋を破り、まさに火を放たんとする処、そこへ折よく十一名の断金隊がワアッと一斉に白刃を振り廻して斬り込むと、賊は一たまりもなく潰走した。

結局、薩長新政府軍は、本宮の防衛線を突破、二本松城に攻め込み、占領した。従来、二本松と三春は友好関係にあったが、この裏切りで、

「三春人は卑怯《ひきょう》なり。以後、婚姻関係は結ばなかった」

と語る二本松の市民もおり、三春に対する恨みは今日に至るも深い。

第五章　惨憺たる会津戦争

白河惨敗

東北戊辰戦争、最初の戦闘は奥州の関門、白河《しらかわ》だった。

薩長の理不尽な行為に仙台藩が反旗の狼煙《のろし》を上げ、会津攻撃を叫ぶ薩長新政府軍参謀、世良修蔵を誅殺、会津の全面的な支援に乗り出した。

戦闘が始まったのは、閏四月の下旬である。会津藩は家老西郷頼母《さいごうたのも》を総督、若年寄横山主税《よこやまちから》を副総督とする一千余の軍勢を白河に送った。

仙台藩は坂本大炊《さかもとおおい》を参謀とする瀬上主膳《せのうえしゅぜん》、佐藤宮内《さとうくない》の二大隊、約八百を白河に送り込んだ。会津と同じ規模の軍勢である。

これに旧幕府の純義隊、義集隊、新選組隊、棚倉藩兵などが加わり、列藩同盟軍の兵力は二千五百を上回った。

戦略を立て、全軍を指揮できるのは、会津藩に限られたが、会津藩の人事に実は重大な問題があった。

総督、副総督ともに実戦の経験が皆無だったからである。

鳥羽伏見以来の歴戦の武将としては、田中土佐《たなかとさ》、神保内蔵助《じんぼくらのすけ》、内藤介右衛門《ないとうすけえもん》、佐川官兵衛《さがわかんべえ》、山川大蔵《やまかわおおくら》らがいたが、田中、神保は第一線をはずれ、佐川は越後、山川は日光を転戦しており、人材が払底していたことが大きな理由だった。

それにしても西郷頼母は先日までかたくなに恭順を唱えていた人物である。

京都事情にまったく疎《うと》く、この数年、主君容保と反りが合わなく蟄居していた。

副総督の横山は、徳川昭武に随行してパリに留学、帰国したばかりであった。

横山も戦争は全く知らない。

何故このような人選が行われてしまったのか。

疑問だらけの部隊編制だった。

本来なら佐川官兵衛や山川大蔵を戻すか、大鳥圭介を起用するか、会津若松に滞在中の新選組副長土方歳三を抜擢すべきであった。

容保というよりは、首席家老梶原平馬の大失態でもあった。

新選組の斎藤一は、白河郊外に陣地を設け、哨兵をおいて索敵することを説いたが、西郷頼母は、

「軽々に兵を進めるは得策にあらず」

と拒み、白河城に大軍を配置し、薩長新政府軍の襲来を待つ作戦をとった。

「バカな」

斎藤一はつばを吐き、

「負ける」

と予言した。

前哨戦では、前方に守備兵を置いたので、敵の偵察部隊を一掃したが、その後は、白河城に籠もり、偵察部隊も十分に送っていなかった。

斎藤一の嘆きが聞こえる会津藩の迎撃態勢だった。

薩長新政府軍は薩摩二番、四番、五番隊、長州三番中隊、大垣中隊、忍一小隊と砲十門ほどで、総兵力は約七百。参謀薩摩の伊地知正治《いぢちまさはる》は全軍を右翼、中央、左翼の三方面に分け、三倍の同盟軍に立ち向かった。

会津・仙台軍に次々と誤算が生じた。気づいたとき敵は城下に侵入しており、飛び出した会津・仙台の同盟軍兵士は、左右の森林の間から狙撃された。

総崩れ、戦死七百人

敵の大将、薩摩の伊地知正治は夜半、ひそかに城下に先鋒部隊を潜ませ、早朝、総攻撃をかける電撃作戦を採用した。同盟軍はそれさえつかめずにいた。

早朝、突然の攻撃に仙台と会津の参謀は気も動転した。

伊地知は中央の稲荷山《いなりやま》の仙台藩砲兵陣地には、二十ドイム臼砲《きゅうほう》を使って砲撃を開始した。臼砲は山越えに砲撃する大砲である。

稲荷山、立石山《たていしやま》の砲台もたちまち集中砲火をあび、沈黙した。

会津が守る雷神山《らいじんやま》にも敵の砲火が集中した。狙撃兵がいたるところに潜み、十字砲火を浴びせ、同盟軍は死体の山を築いた。敵は砲台を占領するや、大砲を運び上げ、白河城に砲撃を加えた。

仙台藩参謀坂本大炊も混乱した。

数人の従者を率いて阿武隈川を渡り、敵の背後を突こうとして、狙撃された。即死だった。

会津の副総督横山主税も正気を失った。占領された稲荷山を奪還せんとして真っ先に山に駈け登り、頂上から撃ち出される銃弾に倒れた。

「まさか、ここで死ぬとは」

そうつぶやき、息が切れた。

花は白河

薩長新政府軍の記録は、

「この日、首級六百八十二なり」

「官軍の死傷約七十、敵は死屍六百余を残し、散乱退去」

と大勝利をたたえた。

戊辰戦争を通じてたった一日の戦闘でこれほど決定的に勝利を収めた戦いはなく、

「花は白河」

とうたわれた。同盟軍の敗因は、指揮官不在、武器の劣悪、油断であった。

その後、会津軍は、国境に兵をとどめ、戦線を縮小したが、その一画、母成峠《ぼなりとうげ》が破られてしまう。

砲声二発

日光口から会津若松に戻った大鳥圭介は二本松を占領した薩長新政府軍の動きを警戒した。八月二十日、大鳥は配下の伝習歩兵に二本松攻撃を命じた。ここから一気に母成峠に進撃されると、国境が破られると警戒した。

敵の攻撃目標は、猪苗代に通じる母成峠であろうと睨んだ。そこで二本松攻撃に向かうよう伝習歩兵に命じた。

午後、二本松攻撃に出かけた二本松兵や会津兵が戻って来た。伝習兵の姿がない。

「伝習隊は敵の正面で戦ったので後から来るだろう」

ということだった。

そのうちに泥まみれの伝習歩兵が戻って来た。怪我人が多数いるではないか。

「これはまずい」

と大鳥は思った。

この日、二本松攻撃隊は二本松の入り口の山入村まで兵を進めた。

右手に二本松兵、左手に会津兵を配置、伝習歩兵が正面に陣取って敵兵を引きこんだまでは良かったが、敵は周囲の藪《やぶ》を潜行して、突然背後から攻めよせた。

このため伝習隊は挟み撃ちに遭い、三十人余の死傷者を出す惨敗となった。

この分では明日、敵が攻めて来るだろうと、大鳥は直感した。大鳥はこの夜、山上の母成峠に泊まった。

敵が攻めよせたときには、峠の下の萩岡《はぎおか》砲台から木砲二発を撃つことになっていた。

午前七時ころ、突然、東方から砲声二発が聞こえた。大鳥は、

「敵来たるなり」

と飛び起きて中軍山《ちゅうぐん》へ上ると、南方の谷間と北方の山岳に敵の姿が見えた。恐れていたことが現実になった。

会津の隊長田中源之進が中軍山に向かい、大鳥は第二大隊と二本松の兵を率いて勝岩《かついわ》の上に登り、北方の敵に立ち向かった。

勝岩の下方には第一大隊と新選組の隊士が防戦に当たったが、人数が少なく、破られるのは時間の問題だった。

午前十一時ごろ、南方の砲撃が衰えたと思うと、萩岡砲台で火災が起こった。

「会藩の滅亡旦夕《たんゆう》にあり」

と大鳥は兵士たちを怒鳴りつけたが、立ち止まる兵はなく、どんどん逃亡し、胸壁に残るのはわずかに数人になった。

大鳥は田中源之進と謀り、

「もはやこれまで」

と涙を飲んで撤退を決めた。

峠の麓の石筵《いしむしろ》の住民が村落を焼かれたことを恨み、嚮導《きょうどう》となって土佐兵を案内したことも大きく響いた。

会津藩は農民対策がまったくだめだった。焼き討ちはいつの場合も逆効果で、この場合も村人の手引きによって、砲台の背後に回られ、惨敗した。

大鳥は磐梯山の北方に逃れ、辛うじて沼尻《ぬまじり》道に出て、三里余の深山に入り、洞穴に隠れて敵を避け、苦心惨憺ようやく秋元原を経て大塩《おおしお》村にたどり着いた。

薩摩藩将校の手記

薩摩藩兵の戦闘手記（『薩藩出軍戦状』）によると、攻撃に際し石筵《いしむしろ》村の猟師次郎七と休之助に探索を依頼、山中の間道、台場の状況、兵員の数を詳細に調べ上げ、会津軍の背後に回る作戦がとられた。

攻撃隊は約千五百人、八月二十日、二本松から母成口に向かい、麓の石筵村に夕方着き、夜中の十二時まで休息、村人の協力で兵糧を用意し、村人の案内で間道を通り、朝四時ごろ母成峠にたどりついた。

会津藩は山上に三つの砲台を築いていたが、背後に回って奇襲攻撃をかけたので、いともたやすく砲台を奪うことが出来た、とあった。

怒る農民

会津軍がかくもたやすく峠を破られた事に、猪苗代の農民たちも驚いた。石筵の農民が敵を誘導したことは、すぐに知れ渡った。顔見知りのものがいたからである。

「とんでもないやつらだ」

と猪苗代の農民たちは怒った。

会津軍が集落を焼いたからと言って、敵兵を誘導して会津に攻め込むとは、けしからん。おかげで猪苗代の民家は薩長新政府軍に焼かれ、食糧を奪われた。

「どうしてくれる」

と石筵の農民につめ寄った。そして石筵の農民を棍棒で叩きのめした。

会津若松まで道案内した石筵村と中山村の小池某ら百姓八人も、帰りに猪苗代の農民に取り巻かれ、

「てめえらなんだ」

と殴る蹴るの暴行を加えられ、殺害された。従来、猪苗代の農民は会津藩に対して冷淡という見方もあったが、必ずしもそうではなかった。根本的に会津藩の農民対策は下手だった。

彼らの力を吸い上げる施策は、なにもとられていなかった。武士だけで戦うという古い戦法だった。

長州奇兵隊には、多くの農民が加わっており、その差は大きかった。

城下に突入

八月二十三日早朝、薩長新政府軍先鋒は大野ケ原を越えて滝沢峠《たきざわ》を下り、林間に出没して会津城下に銃撃を始めた。主君容保が滝沢の本陣で兵を鼓舞したが、傷ついた兵が続々と峠を下り、いかんともし難い。

城下では、ここで初めて半鐘が鳴らされた。町民や子女たちにとって、それは不意打ちであり、あわてて避難を始めたが、おりから篠つく雨となり、会津城下は阿鼻叫喚《あびきょうかん》のるつぼと化した。

数日前から婦女子の疎開を始めていたが、こんなに早く敵が城下に侵入するとはおもわず、籠城戦の準備も出来ていなかった。この日の城下は悲惨の一語に尽きた。

地獄絵図

家老田中土佐は城外に出て、藩士の邸宅から畳を運ばせ、指揮を執り、白虎隊も出動して、銃で応戦した。滝沢峠から退いた主君容保も城外に踏み留まったが、敵弾が畳を貫き、容保の馬にも命中した。

「殿ッ、早くお城に」

の声にせかされ容保は、駆け足で甲賀町通りを通って入城するきわどい状況であった。

家老神保内蔵助は六日町口で防戦していたが、味方はなだれを打って潰走し、止めることはできない。もはやこれまでと五ノ丁の医師土屋《つちや》一庵《いちあん》の邸に入ると、そこに田中土佐も来ており、二人は会津の行く末を慨嘆しつつ刺し違えた。

婦女子の行動は、家によって対応が異なり、入城する者と、自ら命を絶つ者との二つに分かれた。

国家老西郷頼母の母律子と妻千重子は、頼母と長子吉十郎を城に送り出したあと、

「今日は実に汝らの死すべき時なり。いたずらに生を愉しみて恥をのこすことなかれ」

と三人の娘を刺し、自らも喉を突いた。

婦女子は籠城戦の足手まといになるまいと命を絶ったのだが、計画的に疎開をしておけば、婦女子の殉難はもっと少なくて済んだはずであった。

入城しようとしたが、大混乱のため城に入れず自刃した家族もいた。梶原平馬の両親もそうだった。目と鼻の先の城門に転がるように駆け付けた時、城門は固く閉ざされており、両親は兄内藤介右衛門の妻子とともに菩提寺泰雲寺《たいうんじ》で刺し違えた。この日だけで二百数十人の婦女子が殉難した。

戦う婦女子

城に入り、戦いに加わった婦女子も大勢いた。山川大蔵の母と妻、妹たちは主君容保の義姉照姫《てるひめ》を守らねばならぬと薙刀《なぎなた》を手に城に入った。

河原善《かわはらぜんざ》左《え》衛門《もん》の妻あさ子も壮絶だった。白布で頭を巻き、薙刀をさげ、袖には河原善左衛門妻と書き、母と八歳の長女を連れて城に入ろうとした。しかし飛弾猛烈で進むことができず、

母がもはやこれまでと、河原町口郭門の石塚観音で短剣で喉を突いた。

「早く介錯せよ」

と母が叫び、あさ子は心を鬼にして首をはね、娘も「敵兵に殺されるよりはわが手で」と介錯、二人の首を衣裳に包んで大窪山《おおくぼやま》の墓地まで運び、やっとの思いで城にたどり着き、照姫に侍した。

江戸詰めの依田菊子、岡村ます子ら二十余人は日頃、困難に殉ぜんと話し合っており、照姫が近郊の坂下《ばんげ》にいると聞き、駆け付けると、照姫はお城にいるという。そこで古屋佐久左衛門の衝鋒隊に加わって急遽、戦闘に出た。

婦女子が男たちとともに戦ったのは、わが国の国内戦では稀有《けう》であり、こうした奮戦があったからこそ、緒戦の攻撃に耐え、籠城戦に入ることができた。

備蓄なし

婦女子や老人たちの奮戦に比べると、参謀たちの戦略のまずさは、いたるところで目についた。

郭内の一角にある藩校日新館は、戦時病院になっており、旧幕府医学所頭取松本良順が駆け付け、怪我人の治療に当たっていたが、患者を避難させることはできず、見殺しにする事態になった。

食糧を運び入れることも怠っており、米蔵にあった大量の米を敵に奪われるなど理解しかねることが多すぎた。

軍備の面でいうと、城内の大砲は旧式のものだけで、着弾距離も短く、命中率も悪く、一方的に砲撃されることになった。

松平容保の責任は重大だった。

にもかかわらず、鶴ヶ城がびくともしなかったのは、老兵や婦女子の活躍もさることながら、すぐれた城郭に負うところが大だった。

会津鶴ヶ城の縄張りは、中央に本丸をおき、その東に二の丸、三の丸、北に北出丸、西に西出丸を設け、本丸への入り口を厳重に固めているのが特徴だった。

本丸の中央には五層の天守閣があり、天守から南に幅三間半、長さ二十二間の走り長屋と黒《くろ》金門《がねもん》が建っていた。黒金門は扉から柱に至るまですべて鉄で覆われており、ここが主君の居住区となった。

北出丸、西出丸の石垣は見上げるばかりに高く、濠は深く、満々と水をたたえ、要所要所に銃眼があって、近づいた兵を容赦なく射ち殺すことができる構造になっていた。どこから見ても、ここは奥羽越最大の城郭であり、薩長兵がいかに勇猛でも、やすやす攻め切れるものではなかった。

籠城戦に突入

混迷する鶴ヶ城を立て直し、籠城戦を仕切ったのは山川大蔵である。山川は朱雀三番寄合組、別選組、狙撃隊などの精鋭を率いて田島を発し、昼夜兼行で会津若松に向かい、大川を渡って近郊の飯寺村《いいでらむら》にたどり着いた。

　町は黒煙がくすぶり、侍屋敷はとうに焼け尽きているという。

　家族の死を覚悟しなければならない。それにしても、いかにして入城するか、それが大きな問題だった。

　山川は一計を案じ、飯寺村の農民たちの踊り、彼岸獅子《ひがんじし》の囃子を先頭に立て、堂々の行進で、城に近づいた。敵がこれと知った時、喊声をあげて入城を終える離れ業を演じた。

　山川を迎えて軍議が開かれ、梶原平馬は、武器、弾薬の補給が見込めず援軍も来ない以上、籠城は得策ではない、米沢へ脱出するべきだと主張した。

「それはありえない」

　山川が異議を唱え、籠城戦に決した。

　援軍も来ない。脱出もできない。孤立無援のなかで戦うことは死を意味した。しかし、それしか残された道はなかった。

　一体、梶原平馬は何を考えていたのか。梶原は妻女を殺すとまでいった。

「そんなことが、よく言えるものだ」

　義兄ではあるが、この男に会津藩は託せない。

　山川は義憤を覚えた。

　敵は日を追って兵力を増強し、その数は三万人にも達した。籠城する会津軍は五千余。

数倍の敵に囲まれた以上、もはやいさぎよく死ぬことが、会津武士の誇りであった。

米沢藩に続いて仙台藩も薩長新政府軍の軍門に下った。

越後も制圧され、今や孤立無援の会津鶴ヶ城に、敗色がただよった。

「西軍数万、孤城を包囲し、一斉に攻撃し連射したる破裂弾は天守閣や殿中に当たって破裂し、轟然天地を震動し、天守閣破壊して登ること能《あた》はざるに至る」

「病室は殆ど立錐《りっすい》の地なきに至り、手断ち足砕けたる者、満身糜爛《びらん》したる者、雑然として呻吟《しんぎん》す」

という有様だった。

もはや降伏しかない。

容保は降伏を決断し、米沢藩の陣営に使者を送った。

城外で戦う佐川官兵衛は、

「列藩同盟して戦う所以のものは君側の奸を除かんとするにあり。西軍のなす所を見よ。民の財貨を奪い、無辜《むこ》の民を殺し、婦女を射し、残暴極まれり。これ姦賊にして王師にあらず」

とこれを拒否した。しかし、容保の説得で佐川も最後は帰順の命を奉じ、九月二十一日早朝、両軍の発砲は止んだ。実に一か月ぶりの静かな朝であった。

降参

翌二十二日巳の刻（午前十時）、鈴木為輔、安藤熊之助が北追手門前に降参と大書した白旗を立て、家老梶原平馬、内藤介右衛門、軍事奉行添役秋月悌次郎、大目付清水作右衛門、目付野矢良助の五人が麻上下の礼服をつけ、甲賀町通りの降伏の式場に入った。

午の刻（正午）、薩長新政府軍軍監中村半次郎《なかむらはんじろう》、軍曹山県小太郎《やまがたこたろう》、使番唯九十九《ゆいつくも》が式場に着くと、秋月悌次郎が白旗を手に中村らを迎えた。続いて主君容保、喜徳の二公が礼服に小刀をおび、大刀は袋に入れて侍臣に持たせて式場に入り、降伏謝罪の書を中村半次郎に渡した。

容保はこのあと鶴ヶ城に戻り、重臣、将校たちを召して決別の意を表し、城中の空井戸と二の丸の墓地に花を捧げて礼拝すると、将兵たちは天を仰ぎ、流涕《りゅうてい》した。

この日、降伏した会津軍の総員は四千九百五十余人、このなかに婦女子は五百七十余人がいた。

戦略上、惜しまれることの多い戦いだったが、婦女子を含めて困難に立ち向かった会津藩の尚武は、長く歴史に刻まれ、永遠に語りつがれることになった。

戦闘は苛烈だった。

会津の史書『会津戊辰戦史』に薩長新政府軍の略奪、暴行など目に余る行為が記されている。彼らの行為はとても官軍とは言えず、山賊と同じだった。

新政府軍には、分捕部隊と女拉致《らち》部隊が編制され、近郷まで出かけて悪事を働いた。

これについては拙著『呪われた明治維新』に記述したので、ここでは省略するが、土蔵はことごとく破られ、なにもかも略奪された。

官軍ではなく官賊の行為だった。

会津の財貨は根こそぎ略奪され、江戸から古物商が来て泥棒市場が開かれた。とらえられた女は、性の対象とされ、逃げ出せば殺害された。

人間はここまで堕ちるのか。

会津兵は天を仰いでむせび泣くだけだった。武士道精神などかけらもないのが、薩長新政府軍の実態だった。しかし、会津藩兵も、略奪、暴行をくり返していた。

西洋医の証言

戊辰戦争の負傷兵を治療するために、会津戦争に従軍したイギリス人の公使館付医官ウィリアム・ウィリスは、

「会津兵が越後に退却していく途中、彼らは女たちを強姦し、家々に盗みに入り、反抗する者をみな殺害した」

と報告していた。

なかでも印象的だったのは、前藩主松平容保父子の東京護送のときの光景だった。容保父子が出発するとき、ウィリスは、たまたまその地をおとずれていた。そのときの光景を次のように述べていた。

会津藩のさきの主君の出発を見送るのに、護衛人を除くと、十人あまりの人も集まらなかった。あらゆる方面で冷たい無関心が示された。そばの畠で働いている農民さえ、かつて名

声の高かった会津侯の出発を振り返って見ようともしなかった。私は、武士階級を除けば、藩主にたいしても、また同行の家老にたいしても、あわれんだり同情したりする表情を少しも見い出すことができなかった。

かれらは、残忍な戦争を引き起こした上、かれらが敗北の際に切腹しなかったために、尊敬を受けるべき資格を失ってしまったというのであった。

また諸所で農民が騒いでいるのを聞いた。夕方ごろ、各方面で群集のあげるときの声を聞くことができた。諸方で大きな火の手もあがった。十時ごろ、暴徒らは私が滞在している村から約半マイルの距離にある村に迫った。

かれらは、一軒の財産家の屋根に放火した。かれらはたえず蛮声をあげており、大きな興奮状態にあるように思われた。

ウィリスが目撃した農民一揆は、これまで会津藩の支配によって貧しい状態におかれていた農民階級の反乱だった。

軍師不在

なぜ会津藩は、もろくも国境を破られたのか。なぜ旧態依然の軍備だったのか。

会津藩は、京都に六年もいたので、薩長新政府軍の軍事力には精通しているはずだったが、それが生かされていなかった。

会津藩が京都で最初に行ったことは公用局の設置である。有能な藩士がここに集められ、京都の情報収集に当たった。しかし、なぜか軍事面の研究は、皆無に等しかった。

主席家老梶原平馬も軍事的知識は皆無に近かった。ただ茫然と敵の侵攻を見つめるだけだった。

砲術師範の山本覚馬《やまもとかくま》が眼病にかかり、失明状態になったこともあったが、それなら若手を起用し、軍備の研究に着手、軍制改革をすべきだった。

新式銃間に合わず

保谷徹『戊辰戦争』によると、会津藩は、第二次長州戦争の結果をみて驚き、慶応三年二月、長崎で、四千三百二十挺の剣付小銃の購入に踏み切った。これは最新式の元込め銃で、武器商人カール・レーマンと購入契約を結んだ。しかし取り寄せに時間がかかり、戊辰戦争には間に合わなかった。

会津藩は基本的に槍刀の軍隊だった。

西郷隆盛には軍事参謀の村田蔵六がいた。

しかし会津の梶原平馬の周囲には、軍事参謀が不在だった。

会津藩兵に武器が十分に行き渡っていれば、戊辰戦争は別な展開をしていた可能性は十分にあった。白河で薩長新政府軍を撃退すれば、戦いは冬に持ち越され、和議もあり得た。

京都でこれを聞いた山本覚馬は、命を落とした何千という藩士とその家族を思い、胸が張り裂ける思いだった。

庄内藩の意地

ここで庄内藩の意地に触れておきたい。

幕末、庄内藩は、浪士組「新徴組《しんちょうぐみ》」を預けられて江戸市中取締の重責を担っており、慶応三年十二月、江戸で乱暴狼藉を繰り返す薩摩藩の討伐を命じられた。

この時、庄内藩家老石原倉右衛門は、幕府軍事顧問のフランス国砲兵大尉ブリューネの指導のもと薩摩藩邸に大砲を打ち込んで賊を一掃した。

長州征伐の際は長州藩江戸屋敷の接収や薩摩屋敷の焼き討ちを行った。

新選組を率いる会津藩とともに、

「京で肥後様、お江戸で酒井様、どちら梅やら桜やら」

と並び称されていた。

徳川四天王

庄内藩主酒井《さかい》忠篤《ただずみ》は、徳川家康の四天王の一人、酒井忠次《ただつぐ》を祖と仰ぐ譜代の名門であった。

「薩長の無法者とは違う。我等こそ真の侍」

と負けん気は人一倍強かった。

庄内藩に戦いの影が忍び寄ったのは、慶応四年四月である。

薩長新政府は、庄内藩を朝敵と決めつけたものの武力討伐のきっかけが見つからない。

そうした折、格好の口実が見つかった。

幕府瓦解で、帰国した庄内藩は、新徴組の賄料として最上川西岸の村山郡柴橋の旧幕府領を接収した。

旧幕府領は薩長のものと主張する奥羽鎮撫総督府は、得たりと庄内討伐を決めた。

四月二十三日夜、薩長兵数約百五十名は天童から最上川《もがみがわ》を舟で下り、庄内領清川《きよかわ》口に進撃、立谷沢《たちやざわ》川が最上川に合流する腹巻山から庄内軍に奇襲攻撃をかけた。

庄内藩は、奥羽列藩同盟の要請に応じて白河口へ二個大隊を派兵することを決め、白河に向かったが、薩長新政府軍の攻撃で、急遽、庄内に戻り、秋田攻撃に向かった。

新庄城下に攻め入り、これを悉く焼き払った秋田に攻め込み、破竹の勢いで進撃を続けた。

洋式銃を揃えた庄内軍の前に和銃と弓槍の秋田軍は抗すべくもなかった。

かくして庄内藩は、秋田領の三分の一を占領し、わずかに越後境の関川村を奪われただけで、領土が戦火に曝されることもなかった。

しかし同盟軍の相次ぐ降伏もあって、ついに撤退を余儀なくされた。

決め手は米沢藩の降伏だった。会津に敵が侵攻した段階で、米沢は降伏を決断、会津攻撃に転じ、兵を繰り出した。かくて列藩同盟は瓦解した。

西郷は庄内藩に対して寛典で臨んだ。

責任者の処分はなく、藩兵は帯刀のまま自宅に帰した。

庄内の人々は、西郷を慕い、西郷神社を作り、少年たちを薩摩に派遣、教育を依頼し、西南戦争に参戦した少年もいた。西郷にとって、会津が降伏すれば、あとはすべからく寛典でよかった。

南部藩は首席家老楢山佐渡《ならやまさど》が切腹となったが、賠償金を払って領地は安堵された。

こうして奥羽越列藩同盟の抵抗は、実を結ぶことなく終わり、「白河以北一山百文《しらかわいほくひとやまひゃくもん》」の汚名に泣いた。

第六章　長州兵の記録

維新戦役実歴談

会津に攻め込んだ長州兵の素顔はどのようなものだったのか。千差万別、これだと決めつけることはできないが、山口県萩市の戊辰戦争参戦者たちは、大正六年、靖国神社で催された旧長州藩の維新戦没者五十年祭に配布するために、『維新戦役実歴談』を編纂した。

編者の児玉如忠《こだまじょちゅう》は長州藩士、十七歳の時に参戦、会津の戦いを経験した。児玉は明治に入って陸軍に入り、陸軍中将に昇進、師団長も経験した人物だった。

その中から一人、山田仙三《やまだせんぞう》の回顧録を紹介しよう。文章は要約である。

私は第四大隊二番小隊におった。慶應三年十一月末か十二月頃か、故郷を出立し、三田尻から船に乗って大阪へやって来ました。その途中備後の尾の道へ船を着けそれから翌慶應四年正月九日、備後の鞆《とも》へ上陸して、筒に弾丸をこめ、備後の福山へ行って、福山の城へドンドン撃ち込んだ。

そのうち、わびが済んだと見えて、鉄砲を撃つことを止めました。

途中、船中で火事があり、地雷火を積んでいたので、大騒ぎでした。

京都につくと、中仙道へ出張しろという。

どこだかわからなかったが、草津の方へ行き、それから美濃の大垣へ行き、今度は木曾街道になりました。

総督は岩倉具經さんで、当時は八千丸と言われ十六歳で、馬で赤い装束で立烏帽子でした。

それから木曾の山中へ掛り、鳥居峠を越し、碓氷《うすい》峠を越え熊谷宿へ出ました。

簗田《やなだ》まで来ると、敵兵八百人ほどが居るという。夜襲で火をつけ、敵兵を追い飛ばした。それから鹿沼《かぬま》の方から日光へ出ました。今度は太田から佐野、壬生《みぶ》と歩き、宇都宮に達しました。

宇都宮は落城しており、大分味方の死人が出ていました。

それから大田原から塩原温泉の方へ出たが、ここは那須の野原で、家はなし。葦の中をガサガサ細い道を行った。

それから白河へ出たが、野州と奥州との境、境《さかい》の明神《みょうじん》というところに敵がいるという。

敵の斥候は捕えて、斬ってしまった。

向こうは斥候がいなくなったので、何も知らないでいる。それでドンドン、白河の台場まで進んでいった。真っ暗いなか、真っ黒いものが飛んでくる。提灯を燈して見ると敵が牛を放したのだ。

それからさらに進んでゆくと、敵は鉄砲を撃ちだした。こちらからもドンドン撃つ。

その日、午前二時頃までそこにいたが倉橋重蔵、古谷龍蔵が撃たれたという。冗談とおもっていたら足から血が流れている。敵は三方から取り巻いて弾丸を向うからも撃ってくる。

「引け」

というので退却した。戻る途中、河村卯之吉が撃たれた。空き家に入って戸板に乗せたが棒がなければ担げない。

竹を見つけて私と原田三次で担いだ。

撃たれてころがっているものもいて、

「首を斬ってくれ」

という。

五人ほど首を斬ってやった。

それから五、六日、芦野にとどまった。

今度は五月一日、また行った。

この時は三方から出てゆくという。前回は斥候だけだが、今回は土佐、肥前の兵も、加わった。

木っ端になって落城

私どもは原街道という白河の裏の方に出て、手分けしていったら敵は間もなく、散りぢりに木っ端になって落城した。

その時に敵兵の敗状は憐れ千万だった。

あとで百人宛ての土饅頭《どまんじゅう》を掘って埋めたが、それが六つある。

私どもが白河に長い間居るうち、敵は日に三遍も攻めてきた。

芦野の方にも敵が来て、白河は全く孤立して後ろにも前にも出られない。

私どもは江戸へ来たとき、金をもらったからスナイドル筒を買って持ってきた。それを毎日何回も撃つので、弾丸が無くなって仕方がない。

国元から持って来たエンビールの弾丸を出して使っていた。都合がよかったのは時々ひどい夕立雨が来て流すような雨が来る。そのために向こうの火縄は用に立たない。

白河口には長い間おったが、棚倉との間に鹿島神社があり、そこで戦った。

そのうちに、上野が落ちて兵を廻して来た。それが私共の方へ加わって二番隊、三番隊と名乗った。

それから土佐も来た。その他色々の藩の人が来て、私どもは棚倉方面へ出掛けました。そして、金正寺という所で戦った。そこに関山があり、敵は関山から大砲を撃ち下したので近づけなかった。

棚倉にも長い間いたが、後の者へ譲って今度は三春から小浜《おばま》というところへ行った。

そこに阿武隈川という大きな河があったので、その川を渡ったが、水が深くて中には筒も何も失って身体だけ辛うじて助かった人もいた。

二本松へ行ったが、敵は一も二もなく逃げて城へ入った。私どもが行った所に高い塩竈明神があった。その近くに菓子屋があったから其所へ入ってさんざん菓子を食った。大きな箱には羊羹があったので、羊羹の箱を持ってきて、ちぎっては食いしていたら皆の者が俺にもくれ、俺にもくれといった。

城に入ると敵も味方もない一切、ごちゃごちゃになっていた。誰が敵やら味方やら分からなかった。

二本松は落城して、今度は会津だ。それから母成峠に掛った。

食糧が来ない、唐茄子を食べた

今から考えて見ると、とんでもない所の道を通って行ったのだが、そこが会津領だった。食糧は来やしないから仕方がない。何か見つけて食べようと思って探すが何もない。そのうち大きな唐茄子を見つけ、それを食べた。飯を炊いて食う者もいた。

母成と言うところは、大きな山で、敵はそこへ大砲を据えて撃ちおろし、小銃で撃つのだから堪らない。猿岩というところがあって、そこから敵の台場を撃ちおろしたら敵は皆退いた。

直に先へ行けという。

十六橋《じゅうろっきょう》を早く取らなければならない。駆けていったら敵はその橋を一枚落していた。梯子《はしご》でその上を渡って行ったら、向こうから弾丸を撃ち出した。

兵糧はないし、腹は減っている。夜明になって非常に雨が降って来た。

後ろから来た小荷駄方の方で百姓家を捜し籾《もみ》があったから、それをゴロゴロ挽いて飯を炊いて持って来たが、握飯が固まっていない。玄米で糠《もみ》がついているから粘《ねば》りがない。

雨に叩かれている上、固まっていないから、ボロボロして食べられない。食べねば空腹でたまらないから、それを食っていると夜が明けた。さあ向こうへ行くというのでドンドン進んだが、そのうち日が暮れた。

大手門を固めていた三十人が腹を斬っていた

翌日、会津城下へ押し込んで行った。

最初大手から行ったが、門を閉めていて入れぬからその門に登り、中から開けた人がいた。今日ならば金鵄勲章《きんしくんしょう》だ。

門を固めた人が三十人ばかりいたが、それが皆腹を斬っておった。中にはビクビクしている者がある。死んだ者もいる。今腹を斬ろうとしているのもいた。

さらに第二の門、第三の門がある。そこを鉄砲で撃ってもどうしても進むことが出来ない。仕方がないから左右の家中屋敷へ入った。

家の中から畳を出し台場をこしらえ、この間から撃った。それから家中屋敷へ火を放ち、引き揚げた。

夜は篝火《かがりび》を焚いた。

雨が始終降るから火が消えると敵がやって来る。それで畳を積んで雨除けをし、その中へ入った。

　そうすると、敵はその上に来て刀を振り回す。何をするやら分からぬからこちらも狼狽した。

　その時に大分、殺された。

　話が戻るが会津城下へ入った夜は、大手前の市中民家へ入っておったが、諸方面へ出ていた敵が戻って来るたびに鉄砲を撃つ。敵が撃つのやら味方が撃つのやら分からない。夜は提灯も何もないので、真っ暗闇で、弾丸がどこから来るか分からない。敵がいるのか、味方がいるのか分からない。

　九月二十二日になって降参と書いた旗を立て、三人来た。

　向こうの軍使で降参して来たから撃つことを止めという命令があった。

　その翌日、城受取りに行きましたが、その時は実に哀《あわ》れ、殿様のいる所も何も哀れなものであった。

　城の玄関前から塹壕を深く掘って、その中に皆入っていた。婦人も入っていた。

　兵糧もなかった。わずか米が二、三十俵ぐらいしかない。

　肥前のアームストロングという大砲を東山の上に揚げて城へ撃った。米沢藩は百目筒で大きな弾丸を撃った。しかし滅多に当たらない。

　私の話は大概これまでです。

実歴談の意味

もっと多くの話を紹介すべきだが、紙面の制約もあり一人だけにとどめた。別の機会に紹介したいと考えているが、この話を語った山田仙三は、会津兵を憎むことはなく、淡々と事実を述べていた。長州兵のすべてが会津を憎んで攻め込んだわけではなかった。こんな戦争はいやだと思いながら戦っていた兵もいたのである。

仙三の回想録には、会津の史書には全くないことも多くあった。

白河の戦闘では、会津や仙台兵の戦死者を埋葬していたし、二本松の戦闘では、羊羹をちぎって食べたが、羊羹はいまも二本松の名物である。

また混戦になると、入り乱れ、お互いに鉄砲を撃ちあうので、敵か味方か、分からなくなること。

母成峠の戦いは、会津藩兵に火を放たれた麓の住民が猿岩を案内したと言われてきたが、どうも事実であったこと。

十六橋の重要性もよく知っていた。

会津城下の戦闘では、大手門の一部が破られ、守備兵が割腹自殺をとげていたこと。城内に米の備蓄がなかったこと。これは周知の事実だった。

もし会津藩に籠城戦の準備があれば、敵を撃退することも不可能ではなかったはずだった。

また婦女子の避難にも大きな問題があった。事前に避難をしておくべきだったたし、若松城周辺の家屋も整理しておくべきだった。

何よりも注目したのは、仙三は会津に対していつも憫憐《れんびん》の情を抱いていたことだった。会津の少年兵の首を囲んで酒盛りをした兵士もいたし、婦女子の誘拐、乱暴、目にあまる残虐行為も山ほどあったが、仙三のような人物がいたことは救いだった。

このような残虐な戦争をしかけた岩倉具視、西郷隆盛、大久保利通、木戸孝允らの罪は重いが、一方で、会津の戦争戦略の稚拙さも目に余るものがあった。

会津藩の上層部は、薩長新政府軍は仙台に向かうと考えていたフシがある。冬を前に、そんなことはありえないことだった。

会津国境が破られた場合いかに対処するか、戦略はなきに等しかった。

あれこれ言っても詮なきことだが、山本覚馬を欠き、広沢安任《ひろさわやすとう》も捕えられ、大局的見地に立って対処できる人材不足は致命的だった。

第七章　松平容保の胸中

御宸翰

文豪司馬遼太郎《しばりょうたろう》は、平成六年四月二十日、私が住む福島県郡山市のホテルハマツで、会津大学開学一周年記念講演会で、会津の悲劇を語った。

会津藩主松平容保を裏切った徳川慶喜について、

「貴人情《なさけ》を知らずで、容保のことは何もかんがえない人物でした」

と語った。

会津の不運は、こうした人物を支えたことにあったと司馬さんは述べ、逃げた慶喜に代わって容保がターゲットになったと同情した。

そして『王城の護衛者』で、容保を書いたときのエピソードを披露した。

「松平保定《もりさだ》です」

という方から電話をいただいた。

松平容保の末裔で、秩父宮《ちちぶのみや》妃殿下の弟にあたる方だった。妃殿下がこの本をお読みになり、

「お礼の電話を申し上げよ」

ということだった。

そして孝明天皇からいただいた御宸翰《ごしんかん》を竹筒にいれて、容保が肌身離さずもっていたことにふれ、保定さんに、

「竹筒はまだありますか」

と聞いた。

「ええ、東京銀行の金庫に収めてあります」

ということだった。

「歴史には運命がありますね」

司馬さんはそう語った。

私も聴衆の一人だった。

満員の聴衆は涙をふきながら司馬さんの話に聞きほれた。

会津藩は何度も、帰国を決断した。しかし慶喜に反対されると容保は、いつも決断が鈍った。容保の迷いが、会津藩を悲劇のどん底に落としたことも事実だったが、慶喜と同じように容保もある意味では貴人の一人であり、すべてが運命としか言いようがないのかもしれないと、私はその時、思った。

だが考えれば考えるほど、会津人が受けた傷は大きく、運命では済まされない何かが、背後にうごめいていたに違いないと実感した。

彰義隊

司馬さんは小説『花神《かしん》』で、上野の戦争、彰義隊の反乱のことを書いた。主人公は新政府軍参謀、長州の村田《むらた》蔵六《ぞうろく》こと、大村益次郎だった。

無口で無愛想な村田蔵六が長州藩に取り立てられ、西郷隆盛の推薦で彰義隊との戦争を受け持った。彰義隊を蹴散らすには、この男しかない。西郷の勘は鋭かった。

上野の戦争が始まったのは、慶応四年五月十五日である。

早朝、ドドーン、ドドーンと大砲の音が上野の方で鳴りだした。パチパチパチパチという鉄砲の音も鳴りだした。

ジャン、ジャン、ジャンと、けたたましい半鐘の音も響いた。彰義隊は山王台《さんのうだい》に大砲をならべ、反撃した。

従来、佐賀藩のアームストロング砲が勝敗を決めたとされているが、これは多分に誤報だった。この時、持ち込まれたアームストロング砲の照準は未熟で、命中率は極端に悪かった。

司馬さんは上野の戦争の直前、薩摩の猛将海江田《かえだ》信義《のぶよし》と蔵六とのやり取りをこんな風に描いていた。

「彰義隊を攻めると申すが、三千に足りぬ兵力をもってこれが討てるか」

と海江田が言った。二万は要ると見ていた。蔵六は、

「この兵力で十分です」

といった。

海江田がそれに対して激しく反論するのを、蔵六は退屈そうに聞いていたが、やがて海江田の顔をみて、

「あなたは戦を知らぬのだ」

といった。

満座は息をのんだ。海江田は太刀を引き付けたからである。

当の蔵六は扇子を右手に持ち、開いてパチリと閉じ、それを繰り返しながら宙をむいたまま、自分がどれほど重大なことを言ったかは知らぬ顔つきであった。

海江田は、噴き上げるように、

「武士に対して戦を知らぬとは何事だ」

と怒鳴った。

結果はどうだったのか。

蔵六の圧勝だった。

アームストロング砲

勝敗を決したのは蔵六の卑怯《ひきょう》でかつ巧妙な戦術だった。長州兵に会津藩の旗を持たせ、今の鶯谷《うぐいすだに》駅のところから上野の山に潜りこませ、援軍が来たと思わせて上野の山に侵入、おやまに入ったところで長州の旗に替え、攻め込んだ。

不意を突かれた彰義隊は驚き慌てふためき逃げ惑った。

極めつきは、佐賀藩のアームストロング砲だった。

この砲はイギリス人のW・G・アームストロングが開発した後ろから砲弾を入れるライフル砲である。佐賀藩は、これを導入して独自に製造した。

技術革新が佐賀藩のウリだった。

上野の戦争の時、蔵六は現在の東大の赤門付近にこれを据えさせた。

「ドドドーン」

撃ち出されたとき、その轟音にすべての人が、恐怖した。大半は不忍池《しのばずのいけ》に落ち、本堂には命中しなかったが発射音と破裂音のものすごさに、彰義隊は仰天して逃げ出し、昼を少し過ぎたころには、あっけなく崩れてしまった。

本堂に命中したのは藤堂藩や久留米藩の大砲だったが、アームストロング砲の轟音のすごさは戦意を失わせるに十分だった。

いずれ会津を攻めることになるだろうが、アームストロング砲を持ち込めば、会津も降参するであろう、と西郷はほくそ笑んだ。

慶喜はすべて素知らぬ顔、水戸に逃れて一切かかわりを持たなかった。

江戸の混乱を避けるためには、それが正解なのかもしれなかった。

蔵六は彰義隊との戦いが長引き、万が一敗れるようなことがあっては、官軍の面子がまるつぶれ、会津攻撃にも重大な支障が出ると判断していた。

当時、江戸では瓦版で蔵六の卑怯な作戦が報じられたが、蔵六はいち早く手をまわして瓦版を回収、江戸っ子の目にふれないようにした。

蔵六はもともと、人をだます作戦を得意とした人物だった。戦争となれば、正義も不義もない。勝てば官軍だった。

それにしても靖国神社に、村田蔵六こと、大村益次郎の巨大な銅像があるのは、いただけなかった。

「冗談じゃない。あんなところに誰が入るもんか」

会津藩士の末裔は、靖国神社に違和感を示す。当然のことだった。

純粋な集団

司馬さんの作品に『会津人の維新の傷あと』がある。

雑誌『文藝春秋』の昭和四十三年一月号から同年十二月号まで、十二回にわたり連載した『歴史を紀行する』の一節である。

司馬さんが見る会津藩は、純粋な、あまりにも純粋な集団だった。

松平容保が京都守護職として赴任した京都は、実に不可思議な都だった。会津藩士がひれ伏した公家などは、「ゴッさん」と呼ばれる貧乏人だった。

長州人はこうした事情をよく知っていて彼らに金を与えて味方にしていたというのである。

「会津藩の失敗は、公卿や親王にかねを配って抱き込むことをせず、新選組を使って市中に潜入してくる浪士を鎮圧し、捕殺し、ひたすら治安の任に専念するのみであり、更に驚くべきことにただ一人の会津派の公卿というものを持たなかった。政治的な純粋さではあったが、幕末は相剋であり、純粋さ、朴訥《ぼくとつ》さだけではこの世は渡れない」

というのが、司馬さんの言い分であった。

司馬さんの本質は、会津に深い同情を見せつつも基本は薩長寄りであった。『燃えよ剣』で新選組を描き、『峠』で長岡藩家老河井継之助を、『最後の将軍―徳川慶喜―』も発刊し、『王城の護衛者』で、松平容保の苦悩も描いた。

しかしそれは、どう転んでも、未来の展望を描けない悲劇だったことは確かである。

なぜ会津藩は、そうした運命に陥ったのか。

後悔の日々

松平容保は、もっと早く帰国すれば、このような目に遭わずに済んだと、日々、後悔したが、すべては後の祭りだった。

ともあれ慶喜が恭順した以上、会津藩も恭順だった。しかし、鳥羽伏見の戦争の最中に慶喜に引きずられて容保も部下を見捨てて戦線を離脱、江戸に逃げ帰ったため藩兵から厳しい批判にさらされ、いうべき言葉を失っていた。

文学と歴史学は、基本的に違いがある。文学は作者の創造の世界だが、歴史学は資料を読み込んで考証する。しかし、接点も多い。歴史家もしばしば、作家のように推理、考察することがある。歴史作家と呼ばれる種族も存在する。

司馬さんは作家であり、歴史作家ではないが、資料によく当たり、そのベースの上に文学作品を練り上げるので、司馬遼太郎の作品は実に味わい深いものが多かった。

司馬さんは『最後の将軍―徳川慶喜―』で、慶喜に切り捨てられた松平容保をこう描いた。


彼（徳川慶喜）はその恭順を守るために、容赦なく他をも犠牲にした。あわれだったのは、京都以来、慶喜のために犬馬の労をとってきた松平容保、定敬の兄弟であった。彼ら会桑両藩主が、朝廷と薩長から憎悪されているところから、これに登城を禁じ、江戸から退去させた。棄てられたといっていい。

容保は会津へ帰り、定敬はその領国の伊勢桑名が官軍の威力範囲内にあるため国へも帰れず、敗残の兵を率いて越後柏崎へ去った。

彼らはすでに朝敵でもあり、いま徳川家からも捨てられた以上、もはや山野に戦って滅びるほかなかった。

容保は慶喜の無情をうらみ、

「なんすれぞ大樹（将軍）連枝（将軍の一門）をなげうつ」

との詩をつくって、ひそかにそのうらみを託した。


まさしく容保の心境はそのようなものであったろう。京都守護職として六年間、朝廷と幕府のために励んだことは何だったのか。
容保の胸に去来するものは、日々、無念であったに違いない。

第八章　復権への道

徳富蘇峰

会津藩の関係者は明治以降、会津の正義を訴えるために『七年史』や『京都守護職始末』『会津戊辰戦史』などの編纂をすすめてきた。

言論界でも会津に同情する空気が生まれた。言論人徳富蘇峰《とくとみそほう》もその一人だった。

蘇峰は文久三年、肥後国上益城郡杉堂村の母の実家で、熊本藩の郷士・徳富一敬の長男に生まれた。

明治五年、熊本洋学校に入学、その後、東京英語学校に転じ、さらに京都の同志社英学校に転入学した。ここで会津人山本覚馬に出会った。新島襄に学び、洗礼を受けた。

言論で身を立て、『國民新聞』を主宰し明治から昭和戦後期にかけての日本のジャーナリスト、思想家、歴史家、評論家として大活躍した。

会津若松で講演したのは、昭和十二年五月十日で、演題は『維新史に於ける会津』。会場の会津若松市公会堂は満員であふれた。講演の要旨は次のようなものだった。

官軍、賊軍は間違い

私は皆様御承知の通り、かなり年をとっておる人間で、もう人間も七十を過ぎれば、そう余計なる欲がある筈はない。

私は子孫のために働くと同時に、現在においても何か皆様の御用に立つようなことをしたいという志があります。

私は会津の事につきましては昔から色々の考えを持っておりました。明治二年は私の七つの時である。

会津は錦旗に抵抗した逆賊である。切腹をすべきというわけで、

会津肥後守に上げたきものは
　白木三宝に九寸五分

という歌がうたわれた。

白木の三宝と九寸五分は即ち切腹道具である。切腹の勧告である。

しかし私は物心のつく時分から日本の歴史について研究して来た。

これまでの維新史は、薩長史ということが出来る。

私は維新の歴史を見る上で、官軍賊軍などということは間違っていると思う。なるほど錦の御旗を翻して来たから、それを官軍ということは差し支えない。しかし、それに反対したのを賊軍というのはどうであろうか。

賊ということは天子様に対しての言葉である。しかしながら会津でも、仙台でも、誰も天

子様に向って反対した者はない。

これを賊軍ということは間違いである。

皆自分の方はうまい名をつけて、反対するものにはいやな名をつけている。維新の時には是は致し方がないけれども、明治以来七十年も過ぎた今日までも、官軍と賊軍ということを言っているのは実に言語《ごんご》道断《どうだん》、間違い極まれりと私は思う。

会津という所は盆地である。これがこういう所にいて、どうして会津が大いなる働きを天下にしたかについて、まだ十二分に御了解がないかと思う。

会津は地理的にも日本において最も重要な位置を占めている。秀吉は伊達《だて》政宗《まさむね》が芦名《あしな》氏と戦い、芦名氏から奪った会津の土地を政宗から取り上げて、これを蒲生《がもう》氏郷《うじさと》に与えた。

何のために蒲生氏郷に与えたか。

御承知の通り蒲生氏郷は、織田信長の最も見込みを付けた青年である。

元亀天正に人物は多いが、蒲生氏郷ほどの人物は極めて少なかった。それで氏郷を会津に封じ、一方において伊達政宗を防がしめ、他方において徳川家康《とくがわいえやす》を防がしめた。

会津は兵法の言葉でいえば要地であり、かつ争地である。蒲生氏郷が死んでから秀吉はこれを取り上げて上杉に与えた。関ケ原以後、加藤嘉明《かとうよしあき》がこれを貰った。

その後、会津の御先祖である保科正之公がここに封ぜられた。

会津は一方において奥羽の咽喉《のどぼとけ》である。他方においては北越に連なっている。

如何にも重要なる位置であって、ここに幕府の最も親しい保科家が据えられたのである。

これで、日本の半分は容易に動くことはない。

会津の歴史はだれが作ったか。

正之公の精神、人格が作った。

その正之公の学問は、今日の言葉で言えば国民的精神、即ち日本の事を考えるに、どこ迄も日本人は日本を本位として考える。これである。

どこを本位としなければならぬか。

皇室である。

皇室本位ということが、正之公の本釆の精神である。

会津の最後の殿様が、文久、元治、慶応、明治の間に、正直に御先祖のやった通りに公武合体を唱えた。京都守護職というものは会津にとっては実に有難迷惑なことである。

名誉でも何でもない。

会津に対しては殆んど死の宣告のようなものである。

その時の会津の識者が、是はお断わりになるがよいと論じたのは、当然のことである。

しかしながら会津は正之公以来、第一次には幕府のために存在する。その上に朝廷の御為に存在するものである。

となれば、会津魂、損をしても失敗しても、身代が潰れてもお断りすべきものでないという献身的精神、己を捨て、公に殉ずる心をもって、会津は守護職を引き受けた。

今日考えてみれば、涙の出るほど有難い。

御家老の田中土佐、西郷頼母も反対であった。会津一国を考える時は結構であるが、御先祖以来の会津魂からすれば、快くお引き受けしなければならぬ。

松平肥後守、この方は何等名誉心もなければ野心もない。唯、奉公一途の人である。欠点を言えば余りに正直過ぎた。余りに真面目で政治家ではなかった。

今より七十五年前の事である。この殿様が京都に入って、参内して天盃を頂戴された月に私も生れている。

それから慶応三年十二月九日まで満五年間は、会津の全精力を挙げて京都の治安を維持した。

文久二年の末から慶応三年の末までの五年間というものは、実に急転直下に世の中が動いた。

京都の黒谷《くろたに》がいわゆる本部であって、会津の目ぼしい人は殆んど京都へ行った。

この五年間の会津の働きというものは実に大した働きだ。

会津の所領は二十三万石、お預りの五万石を合わせて二十八万石、それらのものの殆んど全力を挙げて国家のために尽くし、孝明天皇を安んじ奉り、京都の治安を維持した。

これは、日本の歴史において特筆大書すべき事である。

当時、あらゆる浪人達が寄り集って、如何なる事でも仕出かし兼ねなかった世の中であった。しかしながら会津が兵力を以て厳然として京都に座っていたから遂に大波乱を見るに至らなかった。

もし会津が居なかったならば、その時の京都は応仁《おうにん》の乱のようになったに違いない。

御承知の通り孝明天皇は、過激急進、危険な改革は極めてお嫌いだ。

その時代において、一方には井伊《いい》のような保守的反動的の者がある。他方には長州などの急激派がある。京都は急進党の巣窟《そうくつ》であった。

急進派のやった事も、私は決して悪いとは言わない。正直に言えば、私も半分位は急進党に同情した。

その時私も居たら、恐らくは会津から縛られた一人であったかも知れない。

天下の勢いは急転直下で動いて来た。

今から七十五年前、文久三年の八月頃は京都は大騒ぎであった。

文久三年八月十八日に政変があった。

長州の兵隊が堺町御門を守っていたが御免になった。三条公以下の人々はお役御免になった。たった一晩で情勢がひっくりかえった。

これを誰がやったかと言えば、会津と薩摩の相談があって、秋月韋軒《いけん》先生などが最も働いておる。

即ち薩摩の策士と会津の策士が相談して、中川宮と申した久邇宮《くにのみや》朝彦親王を奉じた。

過激党はいっぺんに追い払われた。

それから御承知の通り、七卿が長州に落ちて行った。過激党が皆京都を追っ払われ、容保公は、孝明天皇から有難き御宸翰が与えられた。

御製の歌も入っていた。

たやすからざる世に武士の忠誠の心をよろこびてよめる

和らくもたけき心も相生の
　ま津の落葉のあらす栄え舞

武士と心あはしていはほをも
　つらぬきてまし世々のおもひて

忠誠という言葉が出ている。

会津の皇室に対する忠誠、これを逆賊などとは言語道断である。畏れ多い御言葉を戴いたその人が、何を苦しんで、天皇様に向かって弓を引くなどという事がありましょうか。これをみても如何に会津が働いたかが分かると思う。

その翌年の元治元年には、長州人が歎願の筋があると言って兵隊を引き連れて来た。薩摩と会津の連合軍でこれを叩いた。

西郷隆盛は薩摩の総大将であった。その時、長州から薩賊会奸《さつぞくかいかん》と言われた。

薩摩の方では都合のよい間、会津と一緒に行なったが、自分の考えがあったために、却って会津の敵の長州と握手して、そうしていつの間にか握っておったところの手を離した。

一口に言えば右の手で今までは会津と手を握っておったが，知らぬ間に長州と手を握って、いつの間にか右の手は振り離してしまった。

第一次の騒ぎの時に、薩摩と会津と連合して長州を叩いた。即ち薩摩と会津が庖丁で長州が俎《まないた》になった。

その次には長州と薩摩が連合して庖丁になって、会津が俎になった。

しかしながら歴史というものは恐るべきもので、維新の後の明治十年の乱に、とうとう薩摩人同士斬り合って、一方が庖丁に一方が俎になった。歴史というものも却々《なかなか》馬鹿にされない。ただ歴史の眼というものは遠い。歴史の時間というものは短くない、長い。

今日、松平家がいろいろおめでたい事が続いているのは、即ち、孝明天皇の御宸襟を安んぜられた忠誠が少しずつ報いられ始めて来たものでありましょう。

薩摩が逃げたということは会津にとっては非常なる打撃であった。別に証文を書いているわけではない。けれども会津にとっては何よりも有難いところの孝明天皇様がいらした。

しかるに慶応三年の十二月になって、孝明天皇様は御病気になられ、その月の終わりに崩御、まだ御四十に達せない。御三十六才にて崩御遊ばされた。

孝明天皇がいらしたならば、孝明天皇の改革の御趣味は漸進《ざんしん》主義で、決して薮から棒を突出すような事は御好み遊ばされなかった。丁度会津の足取りが御満足であった。

然るに、孝明天皇様の崩御の後はどうであるかと言えば、それまで、京都の北なる岩倉村という所に落飾して蟄居《ちっきょ》して、機会を狙っていたところの岩倉具視が出て来た。

岩倉の親友には誰がおるかと言えば中山忠能《なかやまただやす》公、これがなかなかの過激党である。ところが、明治天皇の御生母の一位の局という方は忠能公の御次女、宮中とは浅からぬ関係があるからして岩倉公は中山忠能公と謀り、叉、中御門経之《なかみかどつねゆき》公というのは岩倉公の親類であるから、そういう人と謀って遂に討幕の密勅を戴いたのであるが、是は関白さんも知らない、中川宮も御承知がない。誰も知らないけれども密勅が降った。

実は、密勅のあった事とは、明治の後迄も知らなかった。後から分かって来た。

東京日日新聞に福地源一郎が『薩長論』を書いた時に初めて分かった。それ迄は分からなかった。

そうしていろいろの経緯があったが、ここに会津に一つの不幸があった。

いい事はいい事を連れて来る。悪い事は悪い事がついて来る。貧乏神は一人では来ない。必ず仲間を連れて来る。

会津にとっても非常に不仕合せがあった。それは何かと申せば、今申した通り、孝明天皇の崩御、同時にその少し前に将軍が亡くなって、徳川慶喜公が将軍になった。

慶喜公は水戸から出た人である。その御母君登美宮《とみのみや》、没後文明夫人は畏《かしこ》くも皇室の御血をお持ち遊ばされた御方で、非常に賢明なる御方である。

お父さんが烈公、お母さんがこの賢明な文明夫人、そのお子さんの七郎磨が慶喜公である。

慶喜公は実に聡明なるお方であった。このお方は何でも出来る。勤皇という事は水戸の出であるから無論である。しかも御母方からは畏れ乍ら皇室の御血が幾滴か流れている。そういう点では申分のない方であるが、大将としては極めて頼もしくない大将である。

大将というものは、いつでも自分がさきに進むか、然らざれは自分がチャンとしているかでなければならぬ。

頼りない大将

慶喜公は臆病ではない。臆病なれば却って逃げずにいたかも知れない。臆病哲学から考えて見れば、臆病の極致は腰を抜かして逃げられない。腰の抜けない人はまだ極致の臆病ではない。

それで慶喜公は決して臆病とは言わない。又、尊皇心もある人である。けれどもこの人は、「万能足って一心足らず」で、どうしても大将としては頼りないお方である。それでも原市之進という懐刀の在る間はかなり突っかい棒をしていたが、これが殺された以後は、殆んど困った。

それでこのお方は一度お話しを決めていても当てにならない。御意が時々変る。それでいながら却々剛情《ごうじょう》のお方で、人の言うことは肯《うなず》かない。

それで剛情公というような名もある。

それほど剛情であれば、剛情を突っ張り通せばよいが、時々模様が変る。

会津はこういう人を上に戴いておられた。それで大概の事は、会津や桑名に知らしむれば愚図愚図《ぐずぐず》言うから、内密でやって、そうして決ってからお前達もこの通りやれということで事後承諾を終始会津は求められた。

会津の方には大概の事は知らせない。これも会津にとっては不幸であった。いろいろの不幸が続いて、遂に会津や桑名は慶応の末に除け者になって来た。そういう場合であるからして、一方では反対党の薩摩と長州と連合して、然《しか》も朝廷では反対党の方がだんだん進んで行った。

こちらの方は頼りにしたところの慶喜公が時々どうもグラつき出す。そういう場合に於て、会津も桑名も策を出すべきものがなかった。その時に慶応三年十二月九日の政変があった。即ち薩摩人が文久三年八月十八日に会津人と相談してやったところの術を、今度は薩摩人と長州人が連合して会津に喰わした。そうして会津桑名の御門の警衛もやめられ、守護職、所司代もやめられるということになった。

遂にそれが昂じて、十二月十二日には、二条城を引揚げて大阪に慶喜公と共に行った。それから、大坂城の兵変、それから先の事は貴方がたが最も委しく知っておられるから、もうお話しはしないけれども、そういうことになった。

それから先の会津のやって来た手際は、それは余り上出来ではなかった。公平に言えばどうもあの時には私は余り感心しない。寧ろあの時には慶喜公だけを京都に出して、会津と桑名は大阪にいて勢力を張った方がよかった。兎《と》も角あの場合、出かけたことは何にせよその策を誤ったものであろう。

薩摩や長州人がどうぞやってくれと、祈った落とし穴に飛込んだのではないか。世の中には騎虎《きこ》の勢という事がある。虎に乗れば自分の思うようには行かない。驢馬《ろば》に乗れば勝手に思う通りに行くかも知れない。言うことを肯かなければ引っ張っておるとよい。しかし虎に乗れば引っ張って行く訳には行かない。虎の連れて行く所に行くより仕方がない。所謂、鳥羽伏見の戦は騎虎の勢、虎に乗る勢であったのだから、今日においては強いてそれについて彼是言う必要はない。

議論をしても利害得失の論で、正邪善悪《せいじゃぜんあく》の論ではない。所謂便宜上の議論であって道義上の議論ではない。然るに会津は敵の策に乗って甚だ失敗であった。馬鹿正直であったということならば、私は是は受入れる事であるけれども、会津が朝敵である。錦旗に発砲する逆賊であるという事は、如何なる証拠を突付けられても、如何なるものを繰《めく》って見てもないのだ。

西郷隆盛の如きは十年の乱をやってあれ程世の中を騒がして、明治十年二月から九月の末まで騒がしていて、しかも前功を録せられて侯爵を賜った。

会津の功に至っては、孝明天皇からも是程御宸翰を戴くほどの功をしたのである。しかも輦轂《れんこく》、天子の膝元の下において治安をした。古く遡《さかのぼ》って言えば、先祖正之公以来の尊皇というものは、歴代変ることなく行なっている。

然るにこれが明治七十年の今日に至っても、なお昔流儀の歴史の思想に乗って彼是議論をしていて、まだ維新史に於ける会津の正義大節が現われぬという事は、如何にも私は遺憾千万《いかんせんばん》に思う。

何れの日にか前述のごとき赫赫《かくかく》たる事実を、天下に表彰する日の来ることを私は確信して疑わぬのである。

いろいろお話し申上げたいことはあるが、大体において私の申す趣意は御承知になったことと思いますから、この際は是にて御免を蒙ることに致します。

（『会津史談』第51号、明治戊辰百十年特集所収）

徳富蘇峰の講演、『維新史に於ける会津』は会津の人々にとって留飲《りゅういん》が下がる思いの画期的なものだった。

「われら朝敵にあらず」

人々は、涙を流して聞き入った。

以後、薩長批判が一層高まっていったことも事実だった。

藤原相之助

藤原相之助《あいのすけ》も戊辰戦争を見つめなおした人物だった。相之助は慶応三年十二月十五日、秋田領の仙北郡生保内《おぼない》の刑部《ぎょうぶ》屋敷に生まれた。

秋田県仙北郡田沢湖町という名前が長く続いたが、近隣町村と合併、現在は仙北市になっている。

　刑部屋敷とは、いわくありげな地名だが、先祖は南北朝にまでさかのぼる古い家であった。屋敷のなかに田畑、林、原野があり、川が流れていて水車もあった。

　相之助が生まれて九カ月めの明治元年、列藩同盟の南部藩が、同盟を離脱した秋田藩を攻撃するため攻め込んで来た。

　峠の林に陣笠が見えたと思うと、段々と銃声が響き渡り、村人は家財道具を谷間や林の奥に運んで隠した。この戦争は待ち構えていた秋田兵の勝ちだった。

　南部兵は峠越えの疲れと、それとは知らずに飛び込んだ生保内の深田に足を取られ、動けなかった。南部兵は峠を越えて逃げたが、秋田兵は追わなかった。普段、双方には交流があった。

　相之助が六、七歳の頃である。

　宿屋に行くと南部の商人が泊まっていた。宿の子供が、

「南部賊、南部賊」

　とはやし立てた。すると祖父が、

「南部の人が賊でもなければ、秋田の人は官軍でもない」

　と諭《さと》した。

　相之助は十三、四歳になって歴史の本を読むようになり、村を騒がせた戦争のことが本に載っていなかったので、その理由を祖父に聞くと、

「原因も結果も複雑で、分かりにくい。大きくなったら自分で勉強しろ」

といわれた。

これは実に名言であった。それほど複雑な戦争だった。

青年になった相之助は医者になるために盛岡の医学校に入った。しかし仙台に統合され仙台に移ったが、医者よりは物を書くのが好きで、医学校は中退して東北新聞に入り、新聞記者になった。

社会主義にも接し、いつの間にか主筆、編集長になり、明治四十一年から東北新聞に「仙台戊辰史」を連載した。

大所・高所から眺めて得た結論は、列藩同盟は賊軍ではないことだった。

これに対抗して長州側は『防長回天史』を発刊した。そのなかに「東北人謬見考《びゅうけんこう》」があり、東北人の歴史観は偏見に満ちていると批判した。

大正二年、四十六歳の時、相之助は河北新報社の主筆に迎えられた。河北新報社の題字は、「白河以北一山百文」からとった。

賊軍の屈辱を忘れまいという創設者の魂が込められていた。

相之助は社説、歴史画談、随筆、小説、なんでも書いた。昭和二十三年の暮れ、大雪の日に八十歳で、この世を去ったが、相之助は東北戊辰戦争研究の先駆者だった。

会津の山川健次郎が『会津戊辰戦史』を完成させたのは、昭和八年である。相之助がいかに先達かは、このことで分かる。薩長軍を西軍、東北・越後軍を列藩軍と呼んだのも画期的なことであった。

仙台にとって、この戦いは一体、なんだったのか。
栄光の伊達政宗の末裔たちにとって、あまりにも惨めな結末だった。しかし戦ったことは、無意味ではなかった。
その意味を最初に問うたのが秋田の人、藤原相之助だった。
相之助は『仙台戊辰史』のなかでこう総括した。

「奥羽越列藩同盟は利害の打算が多く、各藩内の状況も様々の行き掛かりがあって、各個人としては思慮があり、実力もあり、技量もあったが、団体としては脆弱であった。このため同盟が容易に破れ、戦争のたびに敗戦に終わった」

としながらも、薩長の心胆を寒からしめ、明治の日本に大きな影響を与えたことも次のように強調した。

「当時の時勢において、列藩同盟が五カ月にわたり屈せず、薩長政治家をして国政の前途に対して、猛省を発せしめた効果は確かにあった。列藩同盟の余勢は明治二年の五稜郭戦争に及び、武門三百年の意気を示し、東北人が自ら反省する点と、自ら重んずべき点を発見することができた。東北は決して朝敵でも逆賊でもない」

相之助はそう断じた。

この本は東北にとって画期的な著作だった。

早乙女貢語録

私の歴史文学の師匠である早乙女貢さんも会津の復権に生涯をかけた方だった。

大正十五年、中国ハルビン市に生まれ、外交官である父の転任で各地を点々とした。

山本周五郎に知遇を得て作家となり、昭和四十三年、「僑人《きょうじん》の檻《おり》」で第六十回直木賞を受賞した。明治初年の横浜を舞台に起こったマリア・ルーズ号事件をテーマに執筆したものだった。

新聞に『伊達政宗』『由比正雪』『北条早雲』『沖田総司』『おけい』『奇兵隊の反乱』などを連載、雑誌に『会津士魂』を九年にわたり執筆した。

さらに続編も書き、会津祭りには、いつも参加され、馬上から笑みを浮かべて観衆に手を振られた。

「私には会津藩士の血が流れている。明治維新の屈辱を晴らすまで頑張らないといけない」

それがよく口にされる言葉だった。

何度かご一緒に旅行をしたが、夜はいつも会津談義だった。

酒はたしなむ程度で、話しぶりは淡々としていて、それでいて、うちに秘めた薩長に対する批判は、鋭いものがあった。

幕末に、多くの志士が誕生した。

高杉晋作がその代表で、勤皇の志士、憂国の志士ともてはやされた。

しかしどうもきな臭い。自称、他称にかかわらず、

「功利的誇張が感じられるんだなあ」

とおっしゃるのが、いつもの口癖だった。

「『防長回天史《ぼうちょうかいてんし》』などその典型ですね」

「あれを書いた末松謙澄《すえまつけんちょう》、ひどい男だよ。あれは伊藤博文の娘婿だろう。伊藤が身内に書かせたしろものだよ」

と切り捨てた。

「会津は徹底的に賊軍となっている。伊藤も問題ありですね」

「若いころ、伊藤は、御殿山の外国公使館に焼き討ちをかけたり、とんでもない悪、犯罪者だった」

「しゃあしゃあと自慢話をしています」

「番人にとがめられると、我々は、天下の志士だ。お国のために妖気を払わんために来たなどと抜け抜けいっている。会津藩は、そいつらを取り締まるためにどれだけ苦労したか。孝明天皇が健在であったら、あいつらの天下はなかったなあ」

「まったくそうです」

「伊藤らは、その前と後に女郎屋に上がって、みだらな行為にふけっていた。明治維新の英雄は、すべてお上の捏造《ねつぞう》だよ」

早乙女さんは義憤を込めた。

斗南の思い出

当時、私は福島中央テレビの制作部長だったので、早乙女さんをリポーターにお願いして撮影したドキュメンタリー番組を何本か制作した。「風説斗南藩」では、撮影の合間合間に、

「むかしは、ひどかったろうなあ」

を連発された。

吹雪の日が何日もあり、烈風が空を舞った。

夜は地元の方々と懇談した。

三沢市での懇談のときだった。

出席されたご婦人が、

「こういう会に出るのは初めてです」

とおっしゃった。

「どうしてですか」

「母から会津人といってはならないと、きつく言われて育ちました。それで会津の集まりには出ませんでした」

「なぜですか」

「会津人とわかると冷たい目で見られたのです。朝敵、賊軍とさげすまれたのです」

「つらかったでしょうね」

早乙女さんは、目頭をあつくした。

「でも今日は早乙女先生にお会いでき、会津は朝敵でも賊軍でもないと聞き、胸のつかえがおり、来てよかったと思いました」

ご婦人は晴れやかな表情だった。

私もこの時、

「こんなことがあったのか」

と言葉を失い、ただご婦人を見つめるだけだった。

ご婦人の住まいは、会津人の末裔が多く住む集落だった。

バスが通った時、この集落のバス停から乗車すると会津人と分かってしまう、このため、次のバス停まで歩き、そこから乗車したことも話された。

私も目がウルウルだった。

明治政府は、会津戦争が終わったとき、会津人も生活ができるよう配慮すべきだったと、この時、改めて強く思った。

しかし長州の木戸孝允は厳罰を主張、挙藩流罪《きょはんるざい》となって不毛の南部藩の地に流された。

「西郷は会津藩をどう考えていたのでしょうかね」

私は早乙女さんに西郷観を聞いてみた。

「ううん、ねえ、彼は下北流罪までは考えていなかったとも思うが、木戸が頑強に主張して、流罪に決まった。西郷は長州の顔を立てたというのかな」

「その分、西郷は庄内を寛典ですませた」

「その辺、うまいというか、ずるいというか。西郷も大人物とはいいにくい」

となで斬りにはしなかった。

早乙女さんは、西郷隆盛については、どこか寛容だった。

薩摩は、血が荒くて野蛮なところが多い。

戊辰戦争では、江戸で強盗強姦、放火を先導し、会津に攻めてくると、白虎隊などの少年の首を斬って、大皿にのせ、

「よか稚児《ちご》の血祭」

と酒の肴にしたし、伏見寺田屋では藩士同士、血で血を洗う殺し合いを演じた。

西南戦争では捕虜にした官兵を焼き殺すなど、野獣のごとく恐れられた存在だった。会津人はこういうことはしない。

上野の戦争の時など、すでに死んでいる彰義隊士をナマスのように切り刻んで面白がったという。

とにかく野蛮だった。

「ただ西郷は少し違っていた。会津戦争の時、アームストロング砲を使うことに難色を示したらしい。しかし、村田蔵六がこれを使わなければ落ちないということで、しぶしぶ認めたらしい」

とおっしゃった。

「会津も西郷と話し合える人材が欲しかったですね」

「うん、ねえ、広沢安任は捕まってしまうし、いなかったなあ」

と残念がった。

悪の権化

早乙女さんが最も嫌いなのは、山県有朋《やまがたありとも》だった。

「盟友西郷を裏切って非業に死なせた大久保利通や、悪事だらけの伊藤博文も殺された。当然のむくい。すべて自業自得だよ。ところが山県有朋は妖怪となって現代まで生き続けている。あれは悪い奴だ」

とおっしゃったことがあった。

「この男は二度も日本国首相の座に就き、ほとんど老衰で大往生した」

「そうでしたねえ」

「この男の最大の悪は、陸軍卿となり、国民皆兵の徴兵制度を作り、日本を軍国主義、侵略主義国家にした。その結果が、日中戦争、太平洋戦争だよ」

「そうですね、長州が国を滅ぼしたといえますね」

「うん。諸悪の根源は長州だよ。政治資金を横領して、椿山荘など九つも別荘をもち、西南戦争で宿敵西郷が消えたので、自分の前には、邪魔する奴はいないと安心したのだろう。西郷城山に自刃して、山県椿山荘を営む。時価数十億円、私利私欲に狂奔して私財を蓄えた悪人だったよ。長州人は碌な奴がいない」

早乙女さんは快刀乱麻、長州勢を切りまくった。

早乙女さんは昭和五十三年、早乙女語録をまとめて『日本をダメにした明治維新の偉人たち』を刊行しており、素敵な写真が裏表紙を飾っていた。

一時、会津若松に早乙女貢文学館を作ろうという声もあったが、具体化はしなかった。

早乙女さんとのご縁で私は日本ペンクラブにも出かけるようになり、台湾、中国など海外旅行も何度かご一緒した。

早乙女さんは平成二十年十二月、八十二歳の生涯を終えたが、いつも笑顔を絶やさない魅力的な人だった。墓は会津東山の天寧寺にある。

早乙女さんと司馬さんでは観点が異なる部分も多く、比較は困難だが、会津を語る上で早乙女さんの存在は大きかった。

学問の恩師

私は学生時代、二人の教授から薫陶《くんとう》を受けた。

一人は日本中世史の権威、豊田武《とよだたけし》教授である。

東京生まれ、小学校は奈良女高師付属小学校、中学校は東京府立一中。旧制浦和高校から東京帝大文学部国史学科に進んだ。

卒業後、大学院を経て、文部省宗教局に勤務され、その間、臨時召集で野戦重砲連隊に入営、馬を引っ張る訓練に励んだこともあった。

その後、東京女子高等師範学校、奈良女子高等師範学校などの教授をされ、昭和二十二年、東北帝大法文学部の教授に迎えられ、日大、日本女子大、一橋大学などの非常勤講師もされていた。

先生は国際的にも大いに活躍された。昭和三十四年四月に米国スタンフォード大学との交換教授に選ばれて訪米、十一月まで、七か月間、全米各地で日本の封建社会論を講義した。

その後もミシガン大学で開かれた国際東洋学者会議の司会、イエール大学での日本中世史ゼミ、日米歴史家懇談会の開催など文字どおり日本を代表する歴史学者だった。

県史、市町村史の編纂も委嘱され、会津若松史の編纂も担当された。

そのとき私は福島民報記者として会津若松に駐在しており、先生にご挨拶に出かけると、先生は、

「会津戦争をどう描くかは本当に難しい。東京の研究者に依頼すると、会津の後進性を強調し、敗れて当然だとなる。地元の方に依頼すると、薩長憎しの怨念だけになってしまう。君はジャーナリストなのだから客観的に会津戦争を描けるはずだ。一つやってみないか」

とおっしゃった。

前に記したように、白河の戦争には私の一族が、こぞって参戦しており、私にとって会津藩の研究は願ってもないお話だった。

豊田先生の著作は『日本の封建制社会』『武士団と村落』『中世商業の展開』など枚挙にいとまない。吉川英治との交流のほかに、城山三郎、遠藤周作との対談など実に幅の広い活躍をされ、一般向けの本としては、中公新書から『苗字の歴史』も出されていた。

私は先生の学恩に感謝する日々だが、要はどこの大学で勉強したのかではなく、どんな先生に巡り合ったかが、大事なことではないかと思っている。

国際的環境

もう一人の先生は、石井孝《いしいたかし》教授である。『明治維新の国際的環境』『勝海舟』『明治初期の国際関係』『明治初期の日本と東アジア』『戊辰戦争論』『明治維新と外圧』『近代史を視る眼』『幕末非運の人びと』『維新の内乱』など著作は枚挙にいとまなく、大変、精力的な先生であった。

豊田先生と同じ東京帝大文学国史学科の卒業で、出身は東京都、実家は栃木県佐野市の豪農であった。

高校は旧制の松本高校、東京帝大卒業後は東大史料編纂所で、幕末維新の資料を読まれ、横浜市立大学教授から東北大学に赴任された。

石井先生の学風は、徹底した史料に依拠して論じる実証史学で、『横浜市史』の総括責任者として膨大な資料をまとめた方としても知られた方だった。

先生はしばしば学会に論争を巻き起こした。

特に世間の注目を集めたのは、孝明天皇の毒殺問題である。『幕末非運の人びと』で詳細に記述され、石井先生はこの中で強く毒殺を主張された。

先生は『近代史を視る眼』で、歴史学とは何かを論じ、東北大学を退官して、津田塾大学の教授になられたとき、「歴史学者として私がたどった途《みち》」と題して、次のように講演していた。

「五年ぶりにこの学園に来てみますと、本当に自然に恵まれたいいところだと思いますね。こう言うところで学ぶ皆さんは、実にお幸せですよ。中国人の詩の一節に『車を停めて、坐《そぞろ》に愛す楓林の晩。霜葉は二月の花よりも紅《くれない》なり』というのがあるがご存知ですか。車で、門に入ったときに紅葉の鮮やかさが目に映じました。全くあの詩そのままなんだなあ」

こう前置きして話を始めた。学問体系を縷々《るる》述べた後、国際関係を抜きにして明治維新は語れないと強調し、

「靖国神社は戊辰戦争で亡くなった賊軍の人は祭られていない。皇国史観そのものであると、疑義を呈すことが大事です。若い人は現状批判を忘却してはなりません。皆さんは最高の学問を受けているのですから、批判精神を忘れないでください。批判精神こそ学問の中核であり学問の目的なのです」

と女子大生に訴えられた。

会津藩に関しても批判的で、農民対策に問題があったと鋭く論考された。

一言で言えば大変、怖い先生であった。

しかし石井先生から受けた実証主義、辛口の批判精神は何よりの宝と考え、私の卓上にはい

つも先生の本が何冊か並んでいる。

第九章　奥羽越列藩同盟の遺産

秋田県角館集会

平成十年は明治維新百三十年だった。

今から二十年前のことである。

秋田県角館《かくのだて》町、現在の仙北市で角館町主催の「戊辰戦争１３０年in角館」と題する画期的なイベントが行われた。

出席者は戊辰戦争の研究者と関係市町村長で、そのなかに会津若松と長州萩の市長の名前もあり、がぜんマスコミの注目を集めた。

実は二年前に「恨みの破談」という出来事があった。その内容は「週刊新潮」の平成八年の十二月十二日号に「マスコミ締め出しで行われた『会津』『長州』市長会談は『恨み』の破談」という見出しで報道されていた。

「旧幕府軍の会津と官軍の長州が相まみえた戊辰戦争。以来百二十七年にわたって宿敵同士の会津若松、萩の両市長が初めて顔を合わせた。もっとも、それは萩市長が観劇のため、私人として会津若松市を訪れたことに託《かこつ》けての懇談という形式。マスコミにも非公開という気の使いようだったが、お互い最後まで握手することもなく、結局、歴史的な〝和解〟は果たせなかったというから驚きだ」

というもので、このニュースは地元マスコミに連日報道されたので、私もよく知っていた。

この時期、会津若松市は民間団体を中心に長州と和解を模索する動きがあった。

その一環として「会津若松文化振興財団」と市内の演劇団体が会津と萩の交流をテーマにした演劇「早春譜《そうしゅんふ》」を上演することになった。

私の本『呪われた明治維新』とだぶるが、「早春譜」は会津の旧家を舞台にした現代劇で、萩大の薩長嫌いの当主のところに孫娘が婚約者を連れてくる。その青年が萩の出身と分かり、祖父は猛反対する。が、やがてその祖父と青年の祖母もかつては恋人同士で、出身地にこだわって別れた過去が明らかになり、最後は結婚を許すというストーリーだった。

この財団から萩の市長に招待状が送られた。

招待状をもらった萩市長の野村興児《のむらこうじ》さんは、会津訪問を決めた。主催団体が会津若松市の外郭団体であり、招待状は当然、会津若松市長の了承ずみと萩市当局は判断した。

これが実は誤解で、会津若松市長は何も知らなかった。

萩市長出席の連絡を受けた会津若松市当局は狼狽した。あれこれ知恵を絞り、萩市に対し市長は公人としてではなく、私人として来てほしいと異例のお願いをし、萩市長はそれを受け入れ、私人の形で会津若松に観劇にやって来た。

萩市長は会津白虎隊の墓地に焼香し、定刻より前に「早春譜」が上演される会津風雅堂に向かった。私人なので会津若松市からはとくに出迎えはなかった。

やがて会津若松市長山内日出夫《やまうちひでお》氏（当時）が姿を見せたが、山内氏は萩市長に挨拶することもなく、離れた場所で観劇した。いくら私人とはいえ、いろいろと因縁の深い萩市長である。会津武士の末裔らしく堂々と挨拶すべきだという声もあったが、それはなかった。

お互いが顔を合わせたのは観劇終了後で、懇談もわずかに二十分たらずという短いものだった。

会津若松市には特殊な事情があった。過去に長州との和解が市長選挙の争点になった。和解を主張した候補は落選し、以後、市長にとって和解は禁句になっていた。

このとき山内さんは、懇談のあと「行政レベルでの和解はない」と記者団に話した。それが「週刊新潮」に取り上げられた。財団の先走りが萩市長にいささか失礼なことになった。

その二年後に「戊辰戦争130年in角館」で両市長がふたたび顔を合わせることになった。

「徳川幕府の崩壊と江戸城明渡しで、新政府樹立という政治過程が、あくまでも『血を流す』、『犠牲を引き出す』ことでこの新政府のあり方が強固になるとしたら、その犠牲になったのは奥羽越の各藩であり、そこに住む人たちであります。もしかして、『いわれなき』戦争ではなかったかとも考えられます」

開会式で角館町の高橋雄七町長はこのように述べた。明治維新への不信感は、会津のみではないと高橋町長は口火を切った。

戊辰戦争ははたして正義の戦争だったのか、その上に成立した明治維新は、正当なものだったのか。これがこの討論会で提起された問題であった。

角館での討論会の圧巻は会津若松市長と山口の萩市長の対決であった。

奇しくも両市長とも二年前と同じだった。

前回はいささか冷たい出会いだったので、今回は別かもしれないと考えた人々がいた。

マスコミは百三十年ぶりの和解がなるのかと予告記事を書き、東京から記者を送り込んだ新聞社もあった。


両者は宮城県白石市長を挟んで演壇の中央部分に座った。白石市は伊達政宗の忠臣片倉小十郎《かたくらこじゅうろう》の城下町である。


ここで奥羽列藩同盟の会議が開かれ、秋田の戸村十太夫も出席した。

角館町長の苦心の配列だった。

まず白石の川井《かわい》貞一《ていいち》市長が、

「私は萩と会津若松に囲まれて油汗を流しております」

と言って会場の笑いを誘った。白石市長の戊辰戦争論は他とはひと味違っていた。

「奥羽列藩の白石会議で東日本政府独立運動をやろう、ということになったわけです。西日本と対等な関係でひとつ作ろうというわけです。ところが悪口を言うわけではありませんが、秋田が官軍の方に行ってしまった。それで残念ながら萩に負けてしまった」


と先制パンチを秋田に浴びせた。

川井理論の特徴は東北を固陋頑迷《ころうがんめい》ととらえるのは誤りで、壮大な夢を描いていたと主張した。

となるとやはり注目は、会津対長州の論戦である。観衆の目は二人に集まった。

会津若松市長はその後、菅家一郎氏に替わったが、このとき山内さんは次のように挨拶した。

「こちらに参りますときに、会津青年会議所とか会津若松商工会議所の青年部とか、いろいろな団体から今度、戊辰戦争のことで市長が角館に行く。ご苦労ですが、頑張ってきて欲しいという励ましを受けてまいりました」

意味するところは萩との和解などとんでもない。会津の考えを貫いて来い。そういう市民の声を受けて、ここに来たというのだった。山内さんは、

「戊辰戦争に負けたあと、会津藩はいまのむつ市に斗南藩をつくって移住しました。そこは草の根を食べるしかないところで、明治政府はそのようなやり方を会津藩に求めた。これも私どもの心に残っていることです」

と下北流罪がいかにひどいものであり、会津人の心を深く傷つけたかを説いた。

それから明治政府の好戦的な態度を批判し、薩摩、長州の明治維新に疑問を呈した。その表情は厳しいものだった。

萩の野村興児市長は、

「日本文化の原点である中国の清が簡単に列強に屈してしまった。日本も植民地になるのではないか、日本の将来はどうあるべきか。吉田松陰の主宰する松下村塾から若い青年が育ち、日本の将来を思い、列強に対抗できる統一国家を目指したのです」

と、世界列強と日本という格調高い切り口で話をされた。

「禁門の変では松下村塾の門下生がかなり惨殺されました。この後、戊辰戦争が起こります。そして戊辰の役はこの東北において大変な犠牲を生じたわけです。風化しようとしている明治維新、そして戊辰の役、もう一度、歴史的事実をしっかりおさえて、これを後世に伝えて行く。振り返れば、そこに必ず未来が見える。これが私ども萩市のテーマです。そういう意味で、今日参加させていただきまして、ありがとうございました」

野村さんは会場の皆さんに礼を述べた。

野村さんの話は遠慮がちなものだった。

ここは敵地である。うかつなことは言えないという気持ちがあったようだった。野村さんは最後にもう一度発言し、次のように述べた。

「会津の皆さんからご意見を聞きますと、会津の戦いの悲惨さ、戦後処理のむごさなど私ども萩の市民が知らないことがたくさんあります。私は二年前に初めて会津若松を訪れました。そこで私は愕然《がくぜん》としたのです。会津若松には高速道路が通り、すばらしい大学がありました。萩には高速道路も大学もありません。それなのになぜ萩が標的にされなければならないのか、と思うほどでした。歴史的事実は事実としてしっかりふまえた上で、二十一世紀を展望した新しい交流を確保しなければならないと考えております」

野村さんは、こう言って締めくくった。

観客やマスコミが描いた和解という淡い期待は、完全に消えた。おそらく十年後にこうした討論会が開かれても、二十年後に開かれても、会津と長州が壇上で手を握り合うことは、あるいはないかもしれないと思わせる山内市長の主張だった。

日本列島の各地でいろいろな討論会が日常茶飯事のように行われているが、これほど重い討論会はないと思えた。

私はやはり、という思いでうなずくだけだった。この後を受けて、私が司会進行を担当し、シンポジウム「いま戊辰戦争を問い直す」が行われた。

出席者は東北大学名誉教授渡辺信夫《のぶお》さん、西南学院大学教授丸山雍成《やすなり》さん、京都大学教授佐々木克《すぐる》さん、鹿児島大学教授原口泉《いずみ》さん、広告評論の島森路子《みちこ》さんという顔触れだった。

渡辺さんは山形県出身、東北大学大学院修了。日本近世史専攻。東北大学文学部部長を歴任。作品「渡辺信夫歴史論集」。

丸山さんは、熊本県出身。東北大学大学院修了。日本近世交通史の研究で日本学士院賞受賞。

佐々木さんは秋田県出身。立教大学大学院修了。京都大学人文科学研究所教授。

原口さんは、鹿児島県出身。東京大学大学院修了。鹿児島大学教授を経て、志學館大学教授。

島森さんは秋田県横手市出身。立教大学卒。『広告批判』編集長。

シンポジウム「いま戊辰戦争を問い直す」

星　ただいまからシンポジウムに入ります。東北大学名誉教授、石巻専修大学教授の渡辺さんから口火を切っていただきたいと思います。私が学生時代、渡辺さんは、東北大学の国史研究室の助手をされており、大変、お世話になったわけでございます。それでは、よろしくお願いいたします。

渡辺　午前中の首長さんのご発言は歴史に忠実な発言ばかりで、大変、参考になりました。さて私は山形県の出身ですが、庄内兵が総力を挙げて戦ったように見えますが庄内へ行きますと戊辰戦争の話は全然出て参りません。むしろ西郷隆盛と庄内の密接な関係について、縷々《るる》お話が出て来るようなことでございます。いま仙台に住んでいるものですが、仙台でも戊辰戦争の話はあまり出てまいりません。やはり地域の思い込みに相当違いがあると思います。

東北は源頼朝の奥州征伐と豊臣秀吉の奥羽仕置《しおき》とこの戊辰戦争と三回とも敗戦の歴史を持っています。こうした視点から東北を語ると東北の歴史は敗戦の歴史になって来ますが、果たしてどうなのか。奥羽仕置も通説とは違った考え方を持っています。

戊辰戦争も視角を変えて見直していく必要があるだろうと思います。というのは戊辰戦争の史観、考え方は多分に明治以降作られてきたものであることが言えるのです。

白河以北一山百文という言葉を東北人が今もって使っておりますが、そういう自虐的史観にたつ限り、戊辰戦争を克服する視角が出て来ないのではないか。

従来、東北は遅れていたので戦争も負けたのだと主張されて来ました。無関係ではないとは思いますが、そういう考え方を取る限り、戊辰戦争を問い直すことに、先が見えてくるわけです。そういうことではなくて、戊辰に至るまでの東北を他の地域と比較した時に政治的、軍事的決着が予想されるようなものではなかった。明治以降、西南雄藩の人が県令になって来て、東北は遅れていたという考え方が植えつけられてきたのだと思います。

星　大変、示唆に富んだお話でした。次に島森さんはどう考えられますか。

島森　私が多分この中でただ一人学術とは全く関係のない素人です。私の日常生活と戊辰戦争はほとんど接点がないのです。

正直申し上げますと何故百三十年も経った今になって、戊辰戦争を問い直すというのか、まず分かりませんでした。私は大体若い人たちと仕事をしていることが多いものですから、戊辰戦争で出かけて来ると言ったら、「何ですかそれ」という反応がほとんどだったのです。私も正直分かってなかったのですけど、何かここに来る途中、もしかしてこれは凄く意義のあることではないかと考えて来ましたし、またみなさんのお話を伺って、その考えを強くしております。

いまは時代の変革期であると、耳にたこが出来るくらいみんなが言い続けています。ではどう対応して行くかとなると、どうでしょうか。地方分権などという言葉も言葉としてはやっていますけれども、これを一人一人が自分の身に引き受けてやって行くということになった今、うたい文句じゃ済まないことがあると思うんです。で、この戊辰の戦争というものから、何か学べるものがないだろうか。そこから参考になるものが拾えないだろうか。という形でこれを捉え直せば、逆にこれは大変現代的テーマといえるかもしれない。そういう角度からこの問題を考えると、これは「今頃」というテーマではなくて、「今だからこそ」というテーマに成り得るのだなと考え直しまして、ずうっと伺っていたわけです。

これはもう一日のシンポジウムでは結論が出ないと思うのですけれど、私はお土産をもって若者達の所へ帰ったとき、こんなに意味のあるシンポジウムであったと言えるのでないかな、という気がしております。

私もジャーナリズムの端っこで仕事をしておりますが、司馬遼太郎さんを含め、過去を生き生きとした生身の歴史の形で再生してくれる方達がいらっしゃいますね。そういうものに触れることで、自分たちの問題と同じ大きさで歴史を捉えることが出来ると思うのですけれども、これまでそういう形に戊辰戦争はなって来なかったと思うんですね。

やはり、そういうイメージの作り替え、それが、やはり今とても大事な問題じゃないかなという感じがします。ともかくいつのまにか作られてきた「戊辰戦争」のイメージに私自身が侵されているんだろうと思うんです。

この戊辰戦争が東北の精神風土を作る上で、もしかしたらとても大きな影響があったのではないかなということも、今日ずっとお話を伺っていて改めて感じたことでした。

私も東北人ですが、東北がどうクリアして行くか、これは勝ったとか負けたとか、どっちが正しかったとか間違っていたとかのレベルでではなく、克服して行くか、ということがもしかして東北をもう一回違う形から見直す契機にもなるのではないかということも感じた次第です。

星　大変、貴重なお話です。つぎに佐々木さんにお願いします。先生は日本における戊辰戦争研究の第一人者でございます。

佐々木　私は大学で、幕末から明治前半期にいたる政治史と文化史を中心に研究しておりますが、勤王とか佐幕という言葉がよく使われていますが、研究者の間では使われない言葉です。

勤王といっても天皇のためとか、朝廷のためとか、そういう意味ではなく、佐幕といっても、幕府のために戦うというのではないのです。

当時の日本は、幕府の専制とか、あるいは古代の天皇独裁というような、そのようなものを目ざしていたのではなく、合議制で行かなくてはならないというのが共通認識でした。

たとえば天皇を頂点にするけれども、そこでの合議体制をどのようなものにするかという問題があるわけです。幕府中心の合議体制、倒幕派が考えていたような、大名や藩士さらには一般の民衆までをくわえた合議体制、あるいは奥羽越列藩同盟の立場のような大名連合が政府・国家を組織してゆくというような、そのような構想の違いがあったのです。ですから、単純に勤王、佐幕といってしまうと現実からずれてしまったイメージ先行の言葉になる危険があります。

戊辰戦争というのは、幕末に日本に課せられた課題、あるいは幕末の人間が考えていたことが、凝縮されて噴出・爆発したものであった、と見ることが出来ると思います。いいかえれば重要な課題があったのに、なにも達成されなかったから、戦争が起こったともいえるでしょう。その点について、すこし述べておきます。

重要な三つの課題がありました。一つは、ペリーの来航以後、民心の一致ということがスローガン・世論になっています。将軍から町人・農民まで、一体となって外圧に抵抗すべきである、という主張です。

二つめは、合議制で政治を行わなければならない、という考え。これは幕府の専制に対する批判として主張されてきます。

　三つめは内乱をやってはいけないという主張です。具体的には長州征討戦争はやめるべきであるということで、内乱は外国の介入をまねく危険があるという理由です。

　この三つの課題が、戊辰戦争まで持ち込まれてしまった。奥羽越列藩同盟の主張は、今内乱をやっている場合ではないのだ、会津藩が謝れば内乱は避けられる、そういう声を奥羽越諸藩の世論として訴える。そして薩長討幕派中心の政府は専制的だと批判して、自分たちが理想とする合議制を基本とした政府・国家を作ろう、ということでした。

　次に秋田藩のとった行動、市長さんは、あれは正解だったといっておりますが、私もそう思います。一般には秋田藩が列藩同盟から寝返ったというふうにいわれておりますけれども、そもそも秋田藩の基本的な立場は、内乱反対なのです。そして列藩の合議制・公論に期待して同盟に参加したわけです。

　奥羽越列藩同盟は、出来た当初は嘆願同盟で、会津藩・庄内藩に謝罪させて、両藩の処分を軽くするように朝廷に嘆願して、戦争をしないでなんとか収めよう、つまり基本は内乱を避けるため結ばれた同盟だったのです。ところが不幸にも、世良修蔵事件で同盟の性格がコロッと変わってしまって、強硬な攻守軍事同盟になってしまった。そうなれば秋田藩が期待した同盟ではなくなってしまった。だから脱退する、もうやめたというのは妥当な行動だったといえる。

　多少寝返りめいた後ろめたさはあるかもしれませんが、秋田藩の立場や列藩同盟は、そういうものだったというように、私は理解しております。

星　ありがとうございました。今度は九州の丸山さんにお願いいいたします。

丸山　「専門外の者は一人だけ」と島森さんが、言われましたが、私なども近世史の研究者ながら戊辰戦争に関する著書・論文がないので、ほとんど素人だといえます。そこで、専門外の立場から戊辰戦争を見ている者として、若干思いついたことを述べたいと思います。

普通、日本の歴史においては、古代以来しばしば内乱、戦争が繰り返されてきましたが、私の住む九州では古代の磐井の乱をはじめ、刀伊の来寇、源平争乱、蒙古襲来、南北朝内乱など、数かぎりなくあります。その中で中央での戦争や戦闘で敗れて九州に逃げたものとして、安徳天皇を頂く平家軍、足利尊氏、あるいは関ケ原の戦後の島津義弘軍など、歴史に名高いものがあります。このうち、足利尊氏の筑前多々良川合戦での大勝、関ケ原敗戦の島津氏や長州毛利氏の維新争乱における倒幕遂行など、いったん負けても中央に盛り返す「敗者復活」の精神とエネルギー醸成する素地を、九州など西南諸地域は持っているように思われます。

戊辰戦争を契機として、従来の幕藩体制は質的な変革をみ、廃藩置県とか地租改正、秩禄処分等々、日本近代化のための諸改革が推進されますが、それを可能にした決定的な要因は、まさに戊辰戦争における勝利でした。

薩長側が、奥羽越列藩同盟との和平妥協を排した、あの非情な政治・軍事措置は、その後の近代化への諸政策の強行と無関係ではありません。そして、それが生んだ政治・社会体制が絶対主義なのか、市民革命なのかの議論はともかく、いずれにしても日本、それも東北・西南両地域の在り方に決定的な影響をあたえたのが戊辰戦争であることは確かだと思います。

その際、最も打撃をうけた地域、それが若干緩和されている地域、それは単なる歴史の決定的瞬間における政治的選択の問題だけでなく、その背後にある経済、社会等々の問題も明らかにされる必要性があります。そのへんは、後の議論の場で申し述べたいと思います。

星　東北にとっては厳しいご意見もございましたが、大局的に考えれば、そうだろうと思います。それでは原口さんお願いいたします。

原口　鹿児島からまいりました鹿児島大学の原口でございます。

南のどんづまりの薩摩ですけれども、僕は初めてみちのくを訪れまして、まずは名前から共通しているなあと思っております。なぜかといいますと薩摩の国と大隅の国で鹿児島県が現在できておりますけれども、大隅というのは律令制度が勝手に名付けたのですけれども大きな隅という名付け方は、みちのくと共通しているのではないかと思います。

しかし戊辰戦争というのが西南日本の薩長という辺境からおこっています。

長州はやや辺境ではないのですが、新しい形の合議制の朝廷を祀《まつ》る形で、近代国家が出発したということは紛れもない事実であって、その時の明治政府のスローガンに掲げた万国に対峙するという、日本が植民地にならないための少なくとも士農工商という身分制のない時代を作るというすごく大きな社会変革で、薩長があって強引な社会変革が全国津々浦々に実現したというふうに考えております。

幕末に日本が対外的な危機の中であらゆる組織の上下のドンでん返しがおこったわけです。朝廷でも岩倉具視など下級の公家が、長州でも木戸や高杉が出て藩政を牛耳るという上下のドンでんがえし、いわゆる長州におけるクーデター、朝廷におけるクーデター、幕府におけるクーデターは図体が大きいのでなかったとして、薩摩でもある程度、壮絶なクーデター、お家騒動がありました。

精忠組《せいちゅうぐみ》と、若い西郷・大久保等が政治的力をもってくる、そういう上下のドンでん返しが起こって、その総体があらゆるところで起こって、その薩長倒幕軍が幕府を倒したというのはその現象の一面であるというふうに私は考えております。

辺境から新しい政権を生み出す力が出てくるというのは社会構造からいえば、明らかに遅れているからなのですけれども、国の辺境というのは、交易とか自由を交渉ができるというふうに考えられるわけです。

平泉の中尊寺に行ってびっくりしたのですけれども、金の力がすごいと思いました。金色堂の柱の螺鈿《らでん》細工がこれは立派なものですが、夜光貝を貼る作業が朝鮮にも沢山あります。

南の国にしか採れない夜光貝が、平泉の金色堂で推定四万個以上使われていると思います。とすると平安時代の末には間接的にしろすごい交易が展開していたんだとしますと、青森まで含めた日本の北の辺境である下北、外ケ浜、南の方は鬼界、鬼が住むあるいは尊い海といろんな表現をしておりますが、新しいとめどもなく自由な交易が展開する世界が、中央に対して辺境の力にもなっていたわけです。

それと今日のサミットで大変感激しましたのは、やはり歴史に根ざした違う文化、言葉、風土環境を持っている地域自治体がそれぞれ歴史に根ざした交流を展開して町づくりの力にして行こうとされている。それをサミットという形でやられたというのはこれからの、例えば私たちの鹿児島で、市民の方々がやっている山形県の温海町《あつみまち》との相互交流とかに素晴らしい追風になってくれると思います。

島森さんも思ったと思いますけれども、サミットがどういう方向に発展して行くか、サミットではなく地域の市民が展開をしていくか、戊辰会とかこれを実現するにいろいろな市民の熱い思いとか潮流とかがあったのではないかと思うんです。それがこれから堰をきったように動き、そうした動きがアジアにまで及んで行くのではないかと思っております。

日本の南のどんづまり鹿児島大学に赴任しまして十七年間、鹿児島では、さつまいものことを中国から来ましたので唐芋といいますが、アジア農村と交流する市民の集まりがあります。ミャンマーの方々、アジア・アフリカ方々とも交流があります。

日本の大きな激動の時代である戦国時代の関ケ原の戦いも、朝鮮の役も、アジアの大きな地殻変動の中で起こりました。朝鮮の役で、日本と朝鮮・中国が戦っている間にそれぞれの国の力が弱くなって、辺境の満州からヌルハチが兵を起こして漢民族の国を倒して清という国を建てたというのもアジアの大きな地殻変動の中に起り、日本の場合は関ケ原の後、徳川の天下になって鎖国という形をとったということになろうかと思います。

幕末維新もそう言った世界の大きな地殻変動の中で、どういうふうに日本という国を組み立てて行くかというときに、アヘン戦争が起こって南京条約が生まれました。

そのことで日本は大きく変動しました。この間も高知県で大量の麻薬が発見されました。日本は法治国家で守られておりますが、消費地であることが紛れもない事実として現れているわけです。水際作戦だけでいいのか。それでミャンマーで農村活動を一緒にやらせていただくんです。ミャンマーで麻薬を作っている貧困の子どもたちが教育も受けられないでいると、その中で麻薬問題を考えるということはアメリカとか日本とかそういう国のレベルでは下交渉を進められないのです。まして、国の教育に干渉するなどということは出来ないわけです。

幕末はそれが出来たわけです。高杉晋作、五代友厚《ごだいともあつ》、そしてパリ万博の時には幕府を倒すべきさまざまな活動を海外でやっておりました。

目と鼻の先に上海《シャンハイ》があるわけです。平戸、鹿児島から西へ八百キロ行くと上海です。八百キロ南に行くと華僑の故郷福建省です。八百キロ東へ行くと国際貿易港那覇なんです。北へ八百キロ行きますと鹿児島に戻ります。

菱形の項点に九州・上海・福建・那覇が位置し、そこで起こるアジア的変動の中で変革の必要性を感じた若者たち、藩というものが動けないときに、そのさまざまな会議、交渉の動きをやっていって、それで自分の地域の藩を動かし、藩の力で合従連衡《がっしょうれんこう》を起こして旧幕府を倒したというふうな政治過程、これもアジア的規模の日本での実現だと考えております。

どうやって国や県がやっていくか、県はお金を出せないんですが、ＮＰＯ、ＮＧＯなどの人たちを支援することは出来るわけです。これがサミット会議の画期的な意義だと思うわけです。

あらゆる動きがこのサミット会議から生まれてくるのではないかというふうに期待しておりますが。持論を申しあげて恐縮ですが感激しておりますので、大変ありがとうございました。

星　やはり薩摩・長州の逆転の発想で、どんでんがえしから真のエネルギーを生み出して行ったということは大変説得力のある話なわけですけれども、さて最初の渡辺さんの方からやはり不毛の戊辰戦争論ではなくて、新しい東北人の東北史をこの辺で確立していかなきゃいかんとお話しいただきましたが、われわれ東北人はどういう歴史観をもって未来へ進んでいったらいいのか、というような大変大きなテーマになりますけれどもその辺を渡辺先生からお話をいただきたいと思います。

渡辺　先ほど東北史を問い直すなかで戊辰戦争を考えて行かなければならないということを申し述べました。それを一口で申しあげますと、戊辰戦争論は、勝った、負けたという議論になっていく可能性がございますが、結論的なことを申しあげますと、この戊辰戦争というのは軍事的な戦いであったというふうに考えております。軍事的な戦いで、例えば関ケ原の戦いでは東北が、東日本が勝ったこともあったわけで、だからといって当時東北が進んでいたわけではない。

単純化して考えるとそれと全く同じだろうというふうに思っているわけです。負けても明治以前であれば、各地域ごとで活かすことが出来たわけです。けれども、明治以降は国家は一つでありますから、地域で活かされるべきエネルギーが活かされなくなったということははっきりいえるわけです。

何か例があるかというと沢山ありまして、地域的に地域振興をはかった三島県令のように、山形県に来まして遅れていた道路を作り道路の県令といわれ、少なくとも宮城県と山形県の違いは道路にありということを我々は聞かせられてきました。

三島神社も山形市にございます。そういうふうな県令でありますけれども、福島県に行きましたら自由民権運動の反撃を受けた。県令には大きな転換がなかったと見ているけれども、地域的なことを踏まえながら考えなくてはならないことを示しています。少なくとも権力的一元化が地域の多くの目をつぶしたことは事実かなと思います。

旧制二高を作るとき、第一学区は今の東京大学、第二学区の東北と北海道に旧制高校を作りたいと政府がいったとき、どこも手をあげない。宮城県だけが手を挙げたのですね。宮城県が手を挙げて県費をだすのですが、教育であれば地域振興になるとそういう考え方だと思います。

次に帝国大学を作りたいと東京、京都に出来て次に九州、東北に作りたいという案が出来てきました。その時にようやく盛岡も手を挙げました。仙台と奪いあうのですけれども、大学の予備門があって大学があるべきだということで仙台に作られます。中央から与えられて全国的な仕事が出来たのはそのくらいかなと、私は思っているところです。

そういうようなことですが、なぜそういうことで活かすことが出来たかというと、やはり、藩政時代の洋学的なことでレベルが示される学問の伝統があったということです。

そのころ東北、北海道でもっとも人口が多くて景気が良いところはどこかというと、函館だったのですね。札幌は新開地であり、函館が東京以北の第一の都市であった。そこからは手が挙がらなかった。

ところで戊辰戦争について総力戦云々ということを申しあげました。小学校時代から教わっていますのには、薩摩・長州はご承知のように徹底的な攘夷論であったわけでありまして、はじめは東北と同じでありました。攘夷から倒幕に転換する過程で、先程お話がありましたけれど、例えば長州藩では奇兵隊が結成されて藩権力を握っていく。要するに藩内の闘争を経て強力な政治組織、軍事組織を形成していく。これに対し東北の方は情報がありませんでしたから従来の体制で、戊辰戦争を迎えなければならなかったと思います。仙台藩などは従来の家臣組織での動員でありました。

ところが庄内の場合は、必ずしもそうでない。酒田には町の徴兵組織が本間家が中心となって金を出しまして編成しますし、山形の内陸においても幕領中心ですけれども自主的な農兵の組織などが行われて、戊辰戦争を迎える前から動きがございます。そういう動きがありますが、藩の権力を編成するまでいかないで、薩長を迎え撃っている。まして政治的立場は、和平であり、恭順であり最期になって軍事的対決に向かわざるを得なくなったのです。そして、負けているわけですね。軍事、政治的過程は無視出来ないわけで、薩長、西南雄藩と東北の差はその限りにおいては歴然としているわけです。

ところが軍事的以外の社会的な経済的な違いはそうあるわけではなかったのです。戊辰戦争は総力戦的戦いで負けたのではなく、軍事的な側面において負けたのです。白河以北一山百文ということは、東北自身さまざまな要求が通らない諦めというものもあっての表現だと思いますけれども、そういう体制は敗戦まで歴史の見方がつづき、皇国史観が幅を利かせたわけです。

秋田は官軍側についたが、なぜか優遇されなかった。多少は優遇されたらしいが、殿様の爵位とかということで、ほかの点では優遇されなかったのは、当たり前の話なのではないかと思います。

戊辰戦争の中で勤皇とか佐幕とか各藩の中でもあったし、その時の藩の権力を握れなかった、ということであって、戊辰戦争を考える上では全く意味がないと思っているわけです。

総体として考えた場合、そこから脱却し新しい戊辰戦争観をたてなければならないと思います。

星　大変示唆にとんだお話だと思います。戦争は軍事力の差ですから、均等であれば十分に勝つだけのチャンスはあったと言うふうに捉えていますので、渡辺先生のおっしゃるように軍事力の差であったというように明快に考えた方が前に進むのではないかと思います。

佐々木先生は、全国的な視野で幕末、明治維新・近代国家についてご研究されているわけですが、白河以北一山百文というその後出来た言葉も含めて、一体東北の人というのは自分で自分を縛ってしまって何かそこに捉われてきているものもあるのかどうか。その辺のこと、お話を伺いたいのですが。

佐々木　この問題は非常に難しい。一つはですね、会津藩が自分達はなぜ戦ったのか、籠城までして。そのことに関して会津藩の方々は何も残していないんですね。これが一番つらい所で、そこがわかるともう少し東北の立場とか、その後の東北、あるいは列藩同盟についてもっとわかりやすくなると思うんです。

それが今もってなにもわからない。会津の方も誰も語らない。しかし会津藩は、籠城してあれだけ悲惨な目にあって、しかし今でも非常に誇りを持っています。これは何か凄いことで、これは何なのかと、ずっと僕は思ってきたわけです。たぶん会津藩は、ああいう形で負けたのだけれども、自分らの行動は正義だったんだ、正しい主張をしていたんだと、というわけなんですね。

これは東北諸藩、秋田藩も含めて相通ずる点があります。盛岡藩も、そうした意識をバネにしてきたといえるのじゃないかと思います。

そういうように、自分の行動に対して、いかに誇りを持つかという、そこまでいかなくても、間違ったことをやっていなかった、そういう思いを持ち続ける、そういうものをバネにする、ということが大事じゃないかとい思います。

つまり会津藩のご子孫の方々は、会津藩は正義だったのだと、自信・誇りをもって生きてきているると思います。東北を一山百文といわれても、自分達の先祖の、あるいは自分の行動や主張に誇りを持つ、持ち続けてゆく、そういうことが、百三十年経っても、この後百年経っても、大事なことなのではないかと、そういうふうに思うわけです。

星　会津若松の山内市長が喜びそうな話になったわけで、確かに会津の人は自信を持って堂々と「オレは会津」だと、主張されている。

関西から見ると福島県は仙台の北の方かと思うくらいで、誰も知らないが、会津というと磐梯山の近くにあり白虎隊の会津だと総ての人がわかるくらい有名です。ただ会津藩が何故戦ったのか会津の人自身が口を噤《つぐ》んだ時期がありました。

大正の時代に『若松史』を編纂したのですが、その中で開戦時の首席家老梶原平馬や戦争のことは一行も触れませんでした。戦争に踏み切った梶原らに対する批判があったのかなとそういう気がするのです。

おまえらが勝てると言ったのに勝てなかった。もう一つは政府に睨《にら》まれたくないということもあったでしょう。

流罪地の下北半島では、豆ばかり食べていたので、ハトザムライと呼ばれた。会津のゲダカという言葉もあった。ゲダカとは毛虫のことで、これは山菜ばかり食べていたので、そういう蔑視を受けていたのですが、喋りたくないという気持ちもあって伏せてきたこともあったでしょう。

鹿児島では一体東北とか会津をどうごらんになっておりますか。

原口　先祖はおそらく後ろめたさを終始感じていたと思います。しかしこれはやらざるを得ないことで、戊辰戦争の発端は何と言っても庄内藩新徴組の薩摩藩邸焼き討ちに発して、その報が届いて、戦争になったわけです。

薩摩藩は領内ことごとく挙藩体制をとっておりましたので、だいたい六千人が二年半にわたり参戦したわけです。

「花は白河、難儀は越後」

五月から七月まで死にもの狂いの泥沼の戦いでした。西郷隆盛の弟も現地で亡くなっております。双方でものすごい人間が死にました。そして秋田口で九月二十七日で終わるわけです。とにかく庄内は強かったそうです。

戊辰戦争は戦略、戦術、戦意などは、分析されておりますが、なぜ戊辰戦争かということについて、何をどの文化を失い、どういう対応性を失ってきたかを一つ一つ検証する必要があるのではないかと思います。

従軍した兵士の中には、何で東北にまで来ているか分からない人も相当いたわけです。百三十年前にこういうサミットがあれば東北戦争の悲劇は避けられたと思うのです。藩のかなり優秀な官僚たちがお互い天下国家を議論して情報の交換をしていた。しかしどういうわけか、戊辰戦争という形に現実に流れていった。もう一遍、さかのぼってどうしてこういう形で歴史は進んだのかを探るのが、歴史家の仕事の一つではないかと心得ております。私は会津は犠牲になったと思います。そういうふうに個人的には思っております。

星　大変、率直なご発言をいただき、恐縮です。当時、東北では薩長と言ったら鬼のような連中だと教え込まれていましたので、鬼が来たと思われていました。

ところが棚倉の史談会の資料を読んでいたら薩長兵が蚕に桑をやった話が出てきました。同じ農家の出身の人がいたんでしょう。桑をやらなければ蚕は死んでしまうということで桑をつんで食べさせていたと言うのがありました。

それから戦争だからしょっちゅう火事になります。戦争と放火は不可分の関係でまず宿舎を退却するときは火をつけますから、薩長軍と棚倉藩が一緒になって火を消しそこに薩長軍が泊まったという記録もあります。

そういうレベルで歴史を見なおしますと、ほっとするような話の糸口が出て来る感じがします。

丸山先生は東北、戊辰戦争の処理の仕方をどんなふうにお考えになりますか。

丸山　九州諸藩における戊辰戦争の在り方を、筑前福岡・筑後柳川・肥前佐賀・平戸・大村等の諸藩史料から見ますと、譜代の日向延岡藩などは奥羽越列藩同盟に味方して、後で責任者が謹慎、所領の一部没収等の処罰をうけています。

こうした事例も含めて、戊辰戦争は、その全体像を多角的・総合的に見る必要があります。戊辰戦争の歴史的評価については、かつて原口清、石井孝の両先生、そして同席の佐々木克先生などの研究を参照すべきだと思います。

石井先生は会津藩は農民の真の姿を無視したとおっしゃられましたが、先生の『戊辰戦争論』は西南辺境型領国と東北辺境型領国の論理を採用している点に特徴があります。

この西南、東北の両辺境型領国は、それぞれ共通する側面の他、異なる点も多少みられます。前者は四国・九州・対馬・長州の特定地域を結ぶいわゆる馬蹄形ともいえる辺境地帯で、そこでは外様大名居付の古い支配構造を維持しながら領主中心の商品流通を展開させる一方、領内では本藩主と支藩主・大知行主との間に参勤交代が行われています。この領内における参勤交代は、仙台藩などにもみられ、地方知行制などでも共通する面が多いのですが、ただ異なるのは、幕末期になっても東北諸藩が江戸幕府中心の市場構造に規定されているのに対し、西南諸藩などでは、長崎や対馬《つしま》その他を結節点とした対西欧、中国、朝鮮との交易に力点をうつし、交易も盛んになっている点です。

長崎にオランダ船が来航すると、福岡、佐賀両藩は警備態勢をとる一方、これを挺子に西欧の先進的な科学技術などを積極的に採用しています。

これら近代化を推進した西南諸藩のうち、特に維新改革の原動力となった薩長土肥の雄藩は、その多くが近世においても中世的、特に戦国的雰囲気を漂わせた大名領で、かつては封建制の極北ともいわれ、明治維新はその中から生まれた英明な絶対主義君主の主導による近代化と評価されていました。

このうち、佐賀藩などでは近世の標識ともいうべき兵農・兵商の両分離が十分でなく、武士が農村に在住して百姓と同じ五人組の構成者になったり、百姓出身の庄屋の下に行政管理をうけるなどしております。こうした身分差別を克服した姿は、近世中期ごろ佐賀藩の大知行主である諫早《いさはや》氏の全領域で勃発した諫早一揆の中に、その典型を見ることができます。この一揆では、首謀者として諫早氏の家老や中下級武士、それに百姓までが処罰されていますが、そこでの特徴は十五石以下の武士が、自分の武士身分を返上して「平人」となり、一年近くも百姓・町人と協同行動をとり、「自由」と「平等」の社会を標榜する規約をつくった点です。それは、あたかも中世後期の自由都市的な世界に近く、そうした社会をいつでも作れる基盤があったためかと思われます。そうすると、従来いわれたような一般民衆とは隔絶した絶対主義的君主を項点に項く西南雄藩、それが推進した維新変革というイメージは多少修正されねばならないでしょう。

西南雄藩は、その実質は古いようでありながら、自由と平等という面では近代を超えるほどの内実をもち、これを東北諸藩と対比した時、経済・社会面、領主と百姓との関係のみならず、学術、教育面、例えば藩校・私塾・寺子屋などでの教科内容にも、ひいては軍事力の質的違いとして立ち現れたのだと思われます。

星　詳細なご報告、ありがとうございました。最後に島森さんの登場ということになるわけですけれども、これまでいろんな話がでたわけです。会津は胸を張っていいんだというお墨付きをいただいたような気もします。一体それらを東京にかえって、どう若者に報告するか最後に島森さんにお願いします。

島森　うまく報告出来そうもないんですが（笑い）、沢山いろんなことを感じさせられました。断片的ですが、感じたことを手短にお話ししたいと思います。

ひとつは、やはり歴史が求めたとはいえ、人間がしいたげられ続けたり報われない時間が長ければ、それは絶対きついわけです。どんな人でも。そういう意味では、想像するに余りあるものをずうっと持ち続けてきたと思います。会津をはじめとして。

それじゃあどうするかという問題があるわけです。勝ち負けの問題ではないと思うのですけれども、目盛が片方に片寄り続けてきたわけです。この目盛を戻さないことには、いくら理屈で、言葉で、仲良くしましょうと言っても、きっとそうはなかなかならないと思います。

私は東映の時代劇を小さい時に見ていたんですけれど、映画でもテレビなんかでもヒーローはいつも当時の官軍です。勝てば官軍の官軍です。龍馬はかっこいいし、薩摩の西郷さんは人物だし、月形半平太もなんだか色っぽくって小さいときに憧れてました。みんなかっこいいヒーローとして描かれ続けているのです。メディアに出る量も圧倒的に官軍方ですね。九対一ぐらいではないでしょうか。

私が大学生の時に「峠」、河井継之助を司馬さんが書かれたのを読んで、面白くて、それ以来司馬さんの本を全部読むようになったわけですけれど、星さんも継之助は書いてらっしゃいますけど、こちら側の、佐幕側のヒーローをどれだけ作るか。一つの勝負になると思うのです。そして、歴史学的に成立させることは勿論必要なんですけれどメディアを活用したかっこいいヒーローをどれだけ作るか、そのことでイメージのバランスをとって行く、そこで一つ溜飲を下げていただくというのが一方にあるのではないかと思います。これはひとつの戦略です。

それから薩長、会津の戦いを超えてさっき東軍・西軍という話がありましたけれど、日本の近代をどういうふうに作っていったか、そこから百三十年たった今、近代日本は大変なほころびを見せているわけです。そのほころびというのは、実は三十年くらい前からはじまっていて、これは近代化のひずみといわれている、中央集権であり、富国強兵であり、この富国強兵は戦後「経済大国」と形を変えて続いているわけです。そういうものが、いま難しいところにたちいたってきています。

環境ホルモンの問題まででてきています。近代化が持っていたひずみをやはり緊急事態として組み替えていかなきゃならないところに日本だけじゃなく世界は来ているわけです。

そこで、その答えのヒントをもう一回歴史に立ち戻るところから考えていくことが必要なんじゃないか。いま江戸を見直すなどということも、いろんな側面で出てきている。文化的、風俗的にもはやっていて、「江戸」に学ぼうなどということも言われているわけですけれど、ただ単純に先祖帰りをすれば良いというものでなくて、そういう部分と近代化が持っていたいいものを擦り合わせていく、というようなことを、いま考える時期に来ているわけで、そういう問題提起も今度の戊辰戦争シンポジウムには含まれるのではないかという感じがします。

大局的に言えば、日本の国をどうしていくかという問題から、人間サイズの歴史というのはディテールだと思いますので、個別のヒーローを人間サイズでうまく擦り合わせていくような形で未来に活かすこと。これはメディアとかジャーナリズムの働きがとても大きいと思いますが、アカデミズムとジャーナリズムがもっと連動して、それから先程来の話にあったような北と南の地域交流をしていくというようなことを積極的にやって行けたら、ある意味でこれは必要であるし面白いことでもあるのではないかと感じて聞いておりました。

それからこれは答えは分かりませんけれど、東北のオリジナリティということ、同じ東北の中でも共通性もあると思います。まとめられる共通性とそれぞれ個別の県、あるいは藩でもいいんですが、事情があるわけですが、オリジナリティとズラした共通性をどういうふうに擦り合わせていくかということもこれからの課題なんだと感じました。

会津の山内さんのご発言の中にもあったように、やはり負けたことの想像力といいますか、受け身の想像力と言ってもいい気がしますけれど、負けたことの強さがきっとあるんだと思うんです。もしかするとこれからの時代はそういうことこそ、次の時代を作るためには、負けたことの想像力がむしろ今一番の力になっていく時代なのではないか、という気もしていまして、それをどういうふうに組み替えて行ったらいいのか。逆にいえば、勝ったことのコンプレックス、というのもあると思うんです。

薩摩が悪いという話もちらりとありましたけれど、そういうものをどこかで感じたり、恥じたり持っていたりする可能性もあるわけです。勝った負けたをどう擦り合わせていくか、ということも必要なんだなと感じて聞いておりました。

もうすぐ封切られるんですが、「プライベート・ライアン」というアメリカでずっと第一位を続けてきた映画があるんです。スピルバーグ監督の映画なんですが、ノルマンディー作戦に四人の兄弟が参加してその冒頭の殺戮場面がものすごいというので話題になっているんです。

実際に殺されていく場面をバーチャル体験とでもいいましょうか、大画面で自分たちがまさに生身で戦場にいると感じさせるような映画で、実際、アメリカでは精神ストレスを起こしたりする例がいくつも出ている凄い映画なんです。

戦争映画はいろいろあったけれど、どこかで戦争を美化したりヒーローを作り出すということをやってきた。ところが、これは戦争というものは全然そういうものではないんだ、ということを、本当に具体的に徹底的に見せつけるわけです。実際見ると気持ち悪くなります。悪い夢を見るような映画なんです。そして多分、戦争をこういうふうに見せた、初めの映画だと思います。

ともすれば、映画やテレビは美化してしまうんですけれど、テレビは、本当はそうでもないんですが、それをしない強烈な映画なんです。

まあ、スピルバーグ一流の商売だという人もいますが、そうだとしても、こんなふうに戦争を撮った映画はこれまでなかった。そして日本人はそこまでのクリエイティブはやはりないと思うけれど、しかし、そういうところに繋がるようなものをもし東北が出来たなら、これはこれで素晴らしいのではないか。映画は無理かもしれませんが、映画である必要はないので、東北や角館からそういうクリエイティブ、そういうエネルギーが、出てきたらとても素敵なことだし、これこそマイナスの力をプラスに転化するひとつの方法じゃないかと思います。

そういう意味ではこのシンポジウムに最初は何だかよく分からずに来たのですけれど、角館というユニークなひとつの町から、全国からこれだけの方達を集めて発信なさったということは、つくづく面白い、なかなかスゴイ催物だというのが、今日の最大の感想でございます。ありがとうございました。

星　素晴らしいご感想結論だったと思います。皆さんとご一緒できて、感謝感激です。時間も参りましたので、これで「いま戊辰戦争を問い直す」を終了致します。ご清聴ありがとうございました。（拍手）

私の基調報告

シンポジウムに先立って私は、「奥羽越列藩同盟の遺《のこ》したもの」と題して基調報告を行った。

会津若松、萩、秋田などの首長のシンポジウムの後だったので、その感想も含めて、東北の心を次のように述べた。

ただ今ご紹介いただきました星でございます。午前中の首長さん方の討論会を拝聴しまして、これは非常に画期的なことではないかとの印象をもったわけであります。

お話を聞いて参りますと、やはりこれは東西の間に、中立的な立場で両方の痛みを知っているというか、秋田がございますけれども、やはり傷というか非常に深いものがありまして、なかなか簡単にすべてを融和するわけにはいかない歴史の深さが、ひとつあったのではないかと思います。

もう一つは秋田市長からのご提言ですが、この戊辰戦争を庶民レベルから考えた場合、何だったのかの問いかけも極めて重要なことだと思います。

それから薩長が中心になってつくりあげた明治国家というものに対する問いかけもありました。明治国家は確か次々に戦争に入っていき、ご承知のように太平洋戦争までいってしまい、日本が敗戦を喫する事態に陥りました。

その間、アジアの人々に大変な苦しみを与えて来たという事実もございました。

戊辰戦争の延長としての明治国家、その国家がもたらした侵略戦争の数々も戊辰戦争の延長上で考える必要があるのではないか、とのご提案もあったように思います。

その中から会津人は、ヒューマニズムというか人道主義を掲げ、教育を大事にし、多彩な人材を生んだというお話が会津若松市長からございました。

その辺のことは、あとで触れさせて頂きたいと思います。

私は仙台の生まれでありますが、仙台藩兵がドン五里兵と言われたのは事実です。白石の市長が言われましたように、ドーンと薩長から大砲を撃たれると、あっという間に五里も逃げてしまうというのですが、これは少しオーバーだと思いますが、すぐ逃げるということで有名でありました。

伊達藩というのは、ちょっと特殊な構図になっていました。仙台に伊達の仙台藩庁があったわけですが、当時、藩領は現在の岩手県南まで入っておりまして、その町々に出城、例えば白石なんかは大きな城ですが、水沢とか岩出山などいろんなところに出城というか、館のようなものがありました。

私の先祖は宮城県の県南、伊具郡《いぐぐん》小斎《こさい》村の要害に住んでおりまして、仙台と小斎を行ったり来たりして、有事には戦場に出かけるというシステムの中で暮らしておりました。

我々の殿様は佐藤宮内という人で、その人が領主でありました。藩境にあっていつも相馬藩とにらみ合っておりました。国境沿いの兵は戦争があった場合すぐ第一線に出るという決まりが仙台藩にあり、戊辰戦争が始まると、我々の先祖は仙台藩の第二大隊に編成され、白河に行って戦いました。また相馬口の戦いにも行きました。そういうことで、私も戊辰戦争に興味を持ったような次第です。

もう一つは私自身が福島民報社に勤務致しまして、二年ほど経って会津若松に転勤になりました。

私がまだ若く二十代後半の時でした。会津若松では二年半ほど勤務いたしましたが、冬になりますと会津若松もここ角館と同じように、雪が深いところでした。最近はあまり雪が降りませんけれども、雪が降るとすることがないので、専ら会津図書館に籠もって戊辰戦争のことなど調べているうちに、だんだん会津藩の虜《とりこ》になっていきました。

こんなことが重なりまして、数年前に勤務していたテレビ局を退職してから戊辰戦争のことを書くようになったわけです。

東北各地、新潟を含めまして奥羽越列藩同盟の戦争の跡を辿り、その土地の郷土史家にお会いしたりして、何冊かの本も書きました。

とにかく大変な戦争でした。どうしてそのような大戦争になったのか。さきほど萩市長からお話がございましたが、やはり会津藩が京都守護職として京都に行っていた時に、端を発するわけです。

その背景には日本の近代化を巡って、この国をどうするかという根本問題があったと思います。

会津藩は京都に常時千人以上の人を会津若松から派遣しておりました。思うに京都守護職というのは、京都の治安維持の警察部隊ですが、それだけではなく京都の行政、司法すべてトップの座にあったわけで、警視総監と内務長官を兼ねるような職務であったと思います。

交渉する相手も朝廷であったり、幕府であったり、薩長であったり、実に多難な業務をこなしておりました。それが数年間に及んだのですから、財政的にも大変だったでしょう。

会津藩は多くの俊英を公用局という所に集めました。会津の藩校日新館で、成績の優秀な者は江戸の昌平黌、今で言えば東大にあたるところに進学させ、卒業すれば京都に派遣して、政治折衝をやらせたのです。

会津藩公用局には、いろいろな人間がおりました。薩摩の西郷と昵懇《じっこん》の人もおりましたし、もちろん大久保と知り合いの人もいました。いろんな形のパイプがあって、たまには薩長の人々と多分祇園《ぎおん》あたりで酒を飲んでいたのではないかと思います。

薩摩、長州、会津はある部分で、お互いに知り尽くしていたのです。しかし、薩長の場合は自分たちを主にした国家をつくりたいという熱望がありました。長州の場合は幕府との間で戦争もあり、松下村塾の塾生を中心に藩内に若手が台頭して、士農工商の階級制度に対する反発も生まれました。そんな革命的なエネルギーが充満している薩長と、寄らば大樹の陰的な大組織の中にいる徳川の家臣団、徳川家と同じ葵のご紋を付けた会津の武士とでは、違いがでてくるのは当然だったと思います。

会津藩は幕府の名代ですから、幕府サイドで動かなければならない必然的な制約というか宿命がありました。そして、これはやはり誰でもそうなんですけれど、山一證券の社員達が自分の会社が倒産するなどとは思ってもいなかったのと同じように、会津藩の九十パーセント以上の人達がまさか幕府が倒壊するなどとは夢にも思わず、ある部分において、寄らば大樹というか、幕府の庇護のなかで、ぬくぬくと生きていたことは確かでした。

幕府が非常に危険な状況であったことは、感じていましたが、まさかという感じだったと思います。

だからといって薩長の人々が掲げた国家改造計画の方が優れていたとは、いちがいには言えないのです。むしろある時期では、幕府や会津の方が、薩長よりはるかに高度なレベルの日本改造計画を持っていたように私は思っています。

ヨーロッパに行って勉強してきた西周《にしあまね》あたりが中心になって、上下両院の議会を開いて、そして民意を結集し、列国に対抗するような軍事力、特に海軍力を増強して、製鉄所や造船所も造って近代国家に脱皮させるプランを持っていたわけです。

したがって仮に幕府がスムーズに政権を脱皮させて行った場合でも、当然今日のような日本の原図みたいなものを持っており、両方ともに自負心はあったわけです。

ＮＨＫテレビが徳川慶喜を放送しておりますが、幕府、会津としては最終的には慶喜を中心にした新制日本を造ろうと考えていたと思います。

明治維新というのは、激しい権力闘争だったと思います。生きるか死ぬかという最後のつばぜり合いでした。だから敗れることもあるわけですが、会津藩の悲劇の最大のものは、徳川慶喜の指導力のなさにあったと思います。

徳川慶喜という人は日本国の総理大臣、大統領の立場にあった人物でした。幕府を信頼する諸藩は日本の総理総裁として慶喜を仰いで来たのです。

けれど彼は鳥羽伏見の戦争の時に、これは有名な話ですけれども、

「俺は絶対戦うんだ」

といっていた慶喜の姿が見当たらない。そしたら何のことはない、こっそり抜け出して兵庫の沖合いに停泊している軍艦開陽丸に乗って江戸に逃げ帰ってしまった。

その時、会津藩主も一緒にいたことで、その後会津藩でも大問題になったのですが、慶喜という人物は、朝言ったことが夜になると、まるっきり違ってしまうというので「二心殿《にしんどの》」ともいわれた人でした。

そういう人が主君だったところに会津の悲劇があったのです。

会津藩もこの段階で一度、朝廷に恭順の意を表しております。徳川家が恭順した以上、会津藩も恭順のほかに道はないと嘆願書を出したのです。もう主家が倒壊したわけですから、何も会津藩までが責任をとる必要はないわけです。

しかし、朝廷といっても明治天皇はまだ幼く、その辺の高度な判断能力はむずかしかったでしょうし、朝廷を抑えている薩長の首脳としては、旧幕府勢力、特に宿敵の会津を残したまま日本を革命的に変革することが出来ないと考え、とにかく叩いて叩いて、そして自分の力を誇示して日本国をつくるんだという、革命家としての思考が強かったと思います。

こうして、会津の嘆願は拒否され、朝敵として追討の命令が下ったのです。

会津藩に対する薩長新政府の要求は藩主の首を出せということでした。それから城も出せ、領土も返還せいと三項目の要求を出してきたわけです。自分の主君の首を出せということは、切腹せいということですから、どこから考えてもそれは不可能なことでした。

長州も薩摩も分かっていて無理難題を吹き掛けてきたわけです。

会津藩は当然、のめない。しからばどうするか。全員籠城して討ち死にし、後世の審判を仰ごうということになったわけです。これは壮絶な考えでした。

さきほど白石市長が世良修蔵《せらしゅうぞう》の墓碑のことを話されましたが、会津追討のために仙台に乗り込んできたのが長州藩士世良修蔵でした。

彼は奥羽鎮撫総督下参謀で、その役目は仙台藩に会津攻撃をさせることでした。会津は朝敵である、我々は首を出せと言っているのに首も出さない。城を出せと言っているのに城も出さない。誠にもってけしからん。即刻仙台藩の手で会津を攻撃せいという命令を仙台藩に下したわけです。

これには仙台藩の人達もびっくりしました。仙台藩が会津藩と事を構える理由は何にもないわけですから、なぜ我々が薩長の手先になって会津藩を攻撃しなければならないのか。

玉虫左太夫の心

仙台藩の若手は怒り心頭に発して、立ち上がったわけです。仙台藩には養賢堂《ようけんどう》という学校がありまして、その学校の生徒達は世良の宿舎を襲って誅殺しようと画策したほどでした。仙台藩のリーダーは藩校養賢堂の指南頭取、いわば副学頭の玉虫左太夫《たまむしさだゆう》という人でした。大槻磐渓《おおつきばんけい》という塾頭がおりましたが、実際上の教育のリーダーは玉虫でした。

幕府が倒壊するというのは時の流れでやむをえない。しかし、それに替わって新しい日本を創るのが薩長であるというのは、問題が多すぎる。やはり仙台人も盛岡人も新しい政権に参加し、新制日本を建設すべきだ。玉虫はそう考えたのです。

ところが薩長軍にいわせれば、今ごろ遅いのではないか、我々は戦争をして幕府を取ったのだという意識があり、根本的に違いがあるわけですが、我々も新しい明治国家の創設に参加したいという声が東北に彷彿として沸き上がったのです。

その中核になったのは玉虫左太夫でした。この人は仙台の下級武士で偉くも何でもない人なのですが、仙台藩の保守的な空気に嫌気がさして脱藩同然で江戸に出た。幕府の外国方に潜り込んで、努力を重ね万延元年にアメリカに日米修好通商条約批准交換のときに正使の従者として訪米するのです。

あの時、咸臨丸《かんりんまる》に乗って勝海舟や福沢諭吉も太平洋を横断するわけですが、仙台藩では、支倉常長《はせくらつねなが》以来の海外渡航というわけで、藩内をびっくりさせたものでした。

往復に七、八か月かかったのですが、彼はアメリカで見聞したものを『航米日録』という本に詳細に記述しました。一行がワシントンで大統領に会うことになった。

彼は末端の小間使いなので、中には入れなかったのですが、アメリカの大統領府ホワイトハウスは多分城塞《じょうさい》のようになっていて、堀でも廻らして兵隊が物々しく警戒しているに違いないと思って見に行った。ところが、そんなものはいない。

大統領は一人歩いて官舎から通っている。一体、これは何だろうと玉虫は思った。しかも大統領は選挙によって選ばれるという。前の大統領はどうしましたかと聞くと、どこでどうなっているか、分からないという。日本の場合、将軍は代々徳川家の世襲である。伊達家は伊達家で代々仙台藩の君主である。重役の子供はいやおうなしに重役である。

そのようなことでは、本当にダメだと内心思っていたのだが、来てみたら、そんなものはまったくない。

リンカーンが出て奴隷解放をやるのはその後になるが、国家の重要事項は議会で協議して決めると知って、これこそ日本のあるべき姿だと、彼はレポートに書きつらねたわけです。

その玉虫にとって薩長の独裁国家は容認できるものではなかったのです。仙台藩の養賢堂の学問というのは非常に開明的なのがありまして、高野長英《たかのちょうえい》なんかもその系列につながっております。蘭学の大槻玄沢《げんたく》とか、いろいろな人がいて、仙台の知識人のレベルはかなり高かったのです。

列藩同盟の理論的な構築は玉虫ら仙台藩の参謀が担当するわけですが、その背景となったのはアメリカの議会制度、大統領制度を見聞したアメリカの社会だったのです。そこに世良修蔵が突然乗り込んできて、俺が政府だと、全て言うことを聞けということになったわけですから玉虫左太夫並びに門下生は皆、ノーとなったわけです。

仙台藩はさきほど申しましたように、各地に分散しておりまして、いわゆる偉い人も大勢おりました。伊達政宗の子分であった片倉小十郎は、代々小十郎を名乗り、白石の城主でした。

そういう感じの人が領内各地に大勢いたのです。その数だけで数十人。これをまとめることは至難の業でした。親方さまが命令を下しても聞かない者もいる。そういう人達は領内に自分の領地を持っていますから、何かあるとそこに帰ってしまって出てこないというわけです。地元に帰ればその地域の殿様ですから、誠にもって統制がしにくい仕組みでした。玉虫の意見など通らない社会だったが、しかしこの場合は、どう考えても薩長の言い分は理不尽であると衆議が一決したのです。

だいたい会津が朝敵だというけれども、孝明天皇の信頼が最も厚かったのは会津ではないか。長州が官軍で会津が朝敵だというが、京都で反乱を起こして宮廷に砲弾も撃ち込んだのは長州ではないか。それも許したじゃないか。

新選組との斬ったはった、色々あったろうが、この際水に流してどこかで折り合いを付けるべきだとなり、米沢も同意したのです。

そこで仙台、米沢が共同で奥羽鎮撫総督に陳情しようということになりまして、奥羽諸藩の代表が白石に集まりました。誰も戦争は望んでいない。これから農作業の繁忙期に入り、とても戦争どころではない。この際、戦争なんかやめ、穏便に事を済まそうではないかということを決めたわけです。

会津藩も折れて戦争責任者三名の首を出すということになり、仙台藩と米沢藩が署名し、会津救済の嘆願書を作成しました。もう一通には奥羽諸藩の代表が署名しました。これを奥羽鎮撫総督府に出したのですが、

「今さら遅い。あくまでも会津を討て」

と世良修蔵が突っぱね、驚いた米沢藩士が江戸へ行って色々陳情したが、最終的にはダメと

いうことになったのです。

そういうことでは、我々は薩長新政権にはついて行けない。この際、東北は東北の立場で日本の将来を考えるべきだと言う青年達が、玉虫の門下生を中心に、東北各地に澎湃《ほうはい》として出てきたのです。それが農民、町民までは及びませんでしたが、大きな輪となって広がっていったのです。

楢山佐渡

盛岡の南部藩に楢山佐渡《ならやまさど》という人がおりました。このような事態になった時、この人は日本はどうなるか、南部藩はどういう立場をとるべきかを見極めるために京都に行きました。盛岡から京都まで一か月やそこらは十分にかかったでしょう。京都に着いた楢山は薩摩藩邸に行き、西郷に会いたいと申し入れた。そうすると、

「南部藩の家老、そんなものは聞いたこともない。待たしておけ」

と相手にされなかったということでした。南部藩の記録にあるので間違いないと思います。

楢山佐渡はそのほかにもいろんな人に会っています。例えば岩倉具視の所へ行って、

「一体日本はどうなるのですか」

と問うています。岩倉というのは非常な策士であります。岩倉は、

「どうも薩長の人は横暴で困る」

と言った。公家は人を見ていろんなことを言いますから、真意はは かり兼ねるわけですが、

とにかく困る。我々は奥羽に期待を寄せていると楢山佐渡に耳打ちしたというのです。

確かにどう転ぶか分からない状況もありました。どっちが勝ってもいいように、岩倉具視は楢山佐渡に保険を掛けたかもしれませんでした。

楢山佐渡は帰国の途中、仙台に立ち寄って仙台藩重臣と協議し、戦いを決意するわけです。考えてみれば鹿児島弁と盛岡弁では通訳が必要ではなかったのかなと思われるし、言葉ひとつとっても誤解があったかもしれません。まあ、ある意味で西国と東国では異国なんです。楢山はあいつらに日本を任せられるかと、藩論をまとめて奥羽越列藩同盟に参画して、戦うということになったのです。

やはり東と西の文化の違い、言葉の違い、情報化社会ではない時代ですからコミュニケーションの不足そういうものが重なり、最終的には戦争ということになったと思います。

戦争戦略

戦闘に入るにあたって、列藩同盟軍はひとつの戦略をたてました。どういう戦略かというと、薩長軍の一番弱い部分は海軍力である。薩摩は何隻かの軍艦を持ってはいるが、幕府の艦隊に比べたら微々たるもので、海軍力はこちらが強い。当時、榎本武揚の艦隊は旗艦開陽丸以下十隻位ほどの軍艦を江戸湾に浮かべていました。

勝海舟と西郷の談判で江戸無血開城が成ったと言われているが、そうではなく内乱なんか起こされると、貿易に支障を来すというイギリス外交筋の圧力があったといわれています。

もうひとつポイントは海軍力でした。西郷が押してくると、勝は、

「榎本という男は言うことを聞かない奴で、軍艦を走らせて鹿児島に行って、ドーンと鹿児島湾に砲撃を加えないとも限らない。そうなれば、あなた方のお城は、火の海になりますよ」

などと脅していた可能性があるのです。

薩摩勢は皆こちらの関東に来ているので、後方を攪乱されたんじゃ大変なことになる。下関に砲撃を加えることだって出来るわけで、軍艦を持ち出されると困るのは西郷の方でした。

すべて政治交渉というのは背景に軍事力もある。いくら平和、平和と言ったところで、実際問題として良い悪いは別にして、アメリカが世界の強国になっているのは強大な海軍力と海兵隊を持っているからではないでしょうか。勝にとっては榎本艦隊が切り札だったのです。

東北の方も同じでした。

榎本に一刻でも早く来て貰いたい。こちらとしては仙台湾に艦隊の半分をおき、後の半分は新潟に配置するつもりでした。すでに武器弾薬兵員の輸送は皆、船でやっておりましたから、その船を撃退するつもりでした。

新潟港は列藩同盟軍の物流の拠点で、列藩同盟は共同で新潟港を管理しまして、そこに入ってくる外国船から武器弾薬を買い入れ、支払いは生糸などをあてていました。

会津藩の場合は阿賀野川《あがのがわ》を使って新潟から購入した武器弾薬を会津藩に運んでいたわけです。ですから新潟港の防衛のためには、どうしても軍艦が必要でした。

しかし榎本の情勢判断の悪さというか、彼はオランダの方に留学していた関係で、開拓とか

開墾の知識があって、静岡だけじゃ江戸の旗本士族は飯が食えない。何とか北海道を開拓して屯田兵《とんでんへい》的なもので日本の北の防衛も固めたいという夢を持っており、そこのところで東北の利害と一致しない面がありました。彼は最終的に北海道に行くことを考えていたわけですが、東北としては、「北海道の前に我々の方があるのではないか。早く来てくれ」と手紙を書き、江戸に使者を潜入させて何度も東北の窮状を榎本に訴えるのですが、駄目でした。

会津若松から榎本の軍艦まで行くには、薩長新政府軍の管理下にある江戸に入り、そこから海に行って軍艦に乗り込むまでには、何日もかかるわけです。何度かせっついて榎本がようやく腰を上げたのは八月の中旬でした。

榎本自身にも誤算があったと思うのですが、会津は強力な軍事力を持っているので、白河方面で支えているに違いないと判断していました。列藩同盟が最終的に軍事同盟になった場合、戦闘の第一線部隊は会津だというように思っていました。

会津藩も多分いろいろな会議で、我々は薩長の軍事力も熟知している、負けることはないと見栄を張ったと思います。

ところがそれが意外にも早い時期に会津が敗れてしまうわけで、そのことまでは榎本の耳に届いていなかったのでした。

榎本が救援のため仙台に向かい、途中、房総半島で台風に巻き込まれる八月二十二日でした。丁度その日に会津の関門母成峠に薩長新政府軍が攻め込んだのです。

運の悪いことに当時気象学などという学問はなく、天気予報のない時代ですから、台風をまともに受けた榎本の艦隊はバラバラになって離散し、何隻かは沈没し、旗艦開陽丸も舵が折れて、樽を流してバランスをとり、ようやく走るという状況で、大変な事態になったのです。一番大事な兵員と武器弾薬を乗せた船も沈没してしまいました。

会津藩の参謀達は毎日、今日来るか明日来るかと海辺に立って待っていたわけですが、この状況を知って呆然となりました。

会津に援軍を出してくれといっても出すべき兵もいないという状況でした。そのころ仙台藩内に降伏の動きが強まり、榎本艦隊は、東北になんら貢献するところはなかったのです。

歴史に、もしもというものがあるかどうかは、分かりませんが、仮に榎本艦隊の軍艦が仙台湾と新潟湾に分かれていれば、戦争の様子は大きく違っていたと思います。

例えば白河城の攻略の際に薩長新政府軍は、茨城県の平潟《ひらがた》に輸送船をもってきて平潟から兵員を上陸させて白河攻略に向かっています。

榎本艦隊が平潟港を固めていれば、当然そこに来た輸送船は撃沈されてしまったわけです。新潟港も同じです。ここに軍艦があれば、後の新潟港上陸作戦はなかったでょう。

鹿児島大学の原口先生に聞いたのですが、薩摩の軍隊も新潟では、大変苦労したということでした。新潟の港から仕入れた新式銃で装備した長岡兵や会津の精鋭部隊は、決して薩長にひけをとらず、対等の戦争をするようになったのです。庄内兵もものすごく強く、財閥の本間家がどんどん武器弾薬を買って支給するので精強でした。

火縄銃しかなかった列藩同盟が、最新式の七連発銃を持って撃つんですから、もう戦争を止めようと薩長の参謀たちも青ざめたほどでした。

ところが河井継之助が重傷を負うアンラッキーなこともあり、加えて後ろの方から軍艦で新潟港を攻められてしまい、秋田藩が官軍側についたと同じように、越後では新発田藩がそれを誘導するということになり、後ろから攻められ結局、越後の戦線が崩壊して最終的に会津の方へ攻めて来る事態になったわけです。

その段階で米沢藩もこれはダメだと恭順を固めて行くわけです。奥羽越列藩同盟というのは薩長新政府首脳にとって寝耳に水の大事件だったわけですが、榎本の判断ミスで、勝機を逃してしまったのです。

地図で見ても分かるように、東北越後は広大な領土です。この戦争が長引けば日本は国を二分した泥沼の大戦争になっていたわけです。当時江戸に新聞がありました。幕臣の人達が新聞を作ったのですが、東軍有利という記事が多く出ました。江戸の市民は会津びいきの人が多く、外交筋も二つに分かれていて、イギリスは薩長を支援しますけど、フランスは会津というか列藩同盟軍を支援して、軍事顧問団も派遣し、肩入れしておりました。いろいろな意味で、どっちに転ぶか分からない状況下があったんですが、やはり相手を倒そうとするエネルギーの強さ、これはやはり西軍にあったのではないでしょうか。

律儀な戦法

列藩同盟が最初に崩壊の兆しを見せたのは、白河の戦闘でした。この戦は列藩同盟の試金石でした。白河の関をいかに守るかというのは、藤原王朝の時代、あるいはその前の蝦夷時代から一種の鬼門でした。

日本の歴史において道の奥、白河から北は異郷とか異界と見られてきた歴史がありました。松尾芭蕉も白河の関を越えて、旅心定まりぬと言っております。

列藩同盟が結成された時、決めた第一項目は白河の死守でした。仙台藩と会津藩は最精鋭部隊を白河に送り、何が何でも白河を死守しようとしました。

角館で戊辰戦争の絵図面を見ましたら、川を挟んだ戦争の場合には陣地の真ん中に幟を立て幕を張っておりましたが、白河の戦闘でも仙台藩は非常に礼儀正しい戦法でした。

自分の陣地に幟や旗を立て、俺はここにいるんだという意思表示をしたわけです。

仙台藩の紋所は竹に雀です。仙台藩の場合、戦争というのは大坂夏の陣以来という遠い昔の話でした。とんでもなく遥か昔の事で、祖父とか曾祖父の話ではない。だから戦争のことはまったく知らないといってよかったのです。

お家の一大事というので、鎧兜《よろいかぶと》を持ってきた人もいて、それはやめろと言っても、なかなか言うことをきかなかったのです。薩長新政府軍の方はそのようなことは一切ない近代的陸軍です。

物影に隠れて、敵から見えないようにして相手を撃つ、これが村田蔵六、大村益次郎の戦法です。丸見えの軍隊との差は、初めから歴然としていたのです。

さすがに会津藩は知っていて、止めろと言ったのですが、藩風の違いもありまして、共同歩調はとれませんでした。

もう一つは会津を批判するようで申し訳ない気がするのですが、戦争はやっぱり総督の器量が大きくものをいいます。例えば長岡の場合には、河井継之助というまれに見る器の大きい人がいて、自ら考えて行動する人物でした。彼の周辺には彼を信じる若者が大勢いたのです。

ところが会津藩の白河口の軍事総督・西郷頼母は、そうした人物ではなかったのです。主君松平容保と仲が悪く、直前まで謹慎蟄居《きんしんちっきょ》の身だったのです。

西郷は保科といって会津藩祖の流れをくむ名門で、藩主は小藩からの養子なので、ある種の優越感もあったかもしれません。とにかく、頻繁にぶつかり合いました。年が上ということもあったでしょう。京都守護職になるときも西郷頼母が火中の栗を拾うことはないと反対しました。

結果的に見れば、西郷の言うこともある部分で正しかったのですが、とにかくいつも反対、反対ばかり言っているので、会津藩の若手からもあれはダメだと見放され、蟄居処分になっていたのです。

西郷頼母の家族はのちに全員が自刃して果て、悲劇の人となりますが、なぜか、その西郷をもっとも大事な白河口の軍事総督に選んだのです。なぜ彼を軍事総督に選んだか、まことにもって謎ですが、まったく戦争体験のない、しかも戦争に反対していた人を選んでしまうというのは不可解なことでした。まあ人的な面で手薄な部分があったのかもしれません。というのは主力を日光口と越後口に出していましたので、結果としてそうなったのかもしれません。

白河における西郷頼母の戦法は相手を待つというものでした。仙台から千名くらい、会津からも同じくらいの兵を送っていました。大部隊です。

斥候《せっこう》を出して調べると、関東に攻め込んできている薩長兵は千人足らずでした。数の上では遥かにこちらが優勢です。だから泰然として動くべからずというのが西郷の戦法でした。

参謀たちはもっと前線の塩原《しおばら》あたりに前戦基地を伸ばして、敵を叩く戦法を何度も具申するのですが、どうもその辺のそりが合わない。危ないと思っているうちに、夜間に密かに狙撃兵が白河城の周辺に侵入し、朝突然の奇襲攻撃を受けるわけです。

小銃隊による奇襲攻撃と大砲隊による攻撃でした。たちまち壊滅的な状態に陥りました。というのは仙台藩は陣地に幟《のぼり》を立てているから、そこに撃てば必ず当たるわけです。

ところが敵は物陰に潜んで這いつくばったりして、攻めてくるわけですから、なかなか見つからない。仙台藩の陣地は物凄い砲撃を受けて参謀たちが次々に戦死する状況になりました。薩長軍の場合は指揮官も兵隊も同じ服装で、誰が誰だか見分けがつかないスタイルになっていたのです。

こちらの場合は先祖伝来の陣羽織を着て、偉い人ほど立派な格好で馬に乗ったりしているので、すぐ誰が指揮官か分かるのです。だから向こうは偉い人から撃てとなるわけです。それにいち早く気づいた人は、即座に陣羽織を捨てました。

私ども一族の殿様である佐藤宮内などは、あっという間に陣羽織を脱ぎ捨て、近くの農家から野良着をもらってそれに着替え、走り回っていました。そのため彼はまったく無傷で、領地から連れていった部下も一人も戦死しませんでした。いかに逃げるのがうまかったかということだと思うのです。

それにしても仙台藩にも面子《めんつ》があります。白河城を取り返さなければならないと、次々に新戦力を白河に投入するのですが、どうしても奪えない。やはり武力の差でしょうね。仙台藩も洋式軍隊をにわかに編制したんですが、これも戊辰戦争が始まる直前から星恂太郎隊長が訓練に入るという泥縄式のもので、間に合いませんでした。

残念ながら領地によって軍備が異なったことも致命的でした。洋式の銃隊もあれば刀槍の部隊もあるといった具合で、混成旅団ではどうしても奪えなかったのです。

しかし諦めたわけではなかったのです。仙台藩にも籠城戦になっても戦うんだという一派がおりました。薩長軍の上層部も長引く戦争に焦りを深くしたのも事実でした。

薩摩の兵隊、長州の兵隊も日々、死んでいる。やはりここは戦争終結を早める必要があると、米沢藩、仙台藩に使者を送るようになったのです。

「我々の敵は会津だ。仙台、米沢ではない」

これは非常に効果的な説得でした。

皆さんと戦争する気はもともとなかったが、行き違いでこうなってしまった。

毎日のように、ありとあらゆるルートを通して仙台、米沢に働きかけをしました。そう言われますと、藩内は秋田藩ではないのですが恭順派もいるわけで、

「もともと自分は勤皇派だった」

などというにわか勤皇派がだんだん増えてくるわけです。そうして寛典と引き替えに恭順の方に傾いて行ったのです。人間の約束ごとなど本当に当てにならないもので、会津の周辺から人が消えていったのです。

列藩同盟には固い約束ごとがあって、特に仙台藩や米沢藩と会津藩の間には、ある意味での軍事同盟、安保条約が結ばれていたのですが、効力はなかったのです。

軍事同盟の第一項目は、もちろん共同で戦争に当たることです。そしてそれぞれの城下に敵が攻め込んだ場合には、即応援部隊を出すことになっていました。

会津城下に敵が攻め込んだ時です。

会津軍は今か今かと米沢藩が来るのを待っているわけです。ところが一向に米沢の峠から応援部隊が来ない。そこで次々に米沢に使者を出したのですが、米沢国境の関門がもう閉じられていて使者が米沢に辿り着けないという状況でした。

磐梯山の裏辺りに厳重な関門がありまして、もう通行出来ませんでした。会津藩の使者は割腹して抗議するのですが、実は会津藩が攻め込まれた日に、米沢藩は首脳会議を開いて恭順を決めたのでした。したがって会津がいくら待っても来ない孤立無援の戦争になっていたわけです。戦争というのは一旦崩れ出すと非常にもろいものがあり、ここは勝者に付いて自分の身の安泰を図るということを誰しもが考えてしまう。それも現実でした。

まあ選挙でも同じですね。私も新聞記者をやっておりましたので長く選挙をみてきました。例えば市長選挙があったとする。安全策をとって両方の陣営に運動員を出す。

「俺はこっちに行く、おまえは向こうに行け」と社長と専務が二つに分かれるということはよくあることです。そして開票当日です。旗色が悪くなった事務所は一人減り、二人減りで、人はいなくなってしまう。勝った陣営の事務所は大入り満員です。さっきまで向こうにいた人がちゃっかり万歳をやっているという姿は、日《にち》常茶飯《じょうさはんじ》事にありますね。それが現実なんです。

私はある時、米沢の人に、米沢藩はひどいじゃないかと言ったことがあります。米沢の人もさすがに黙ってしまいましたけれど、会津に薩長軍が攻め込んだ日、米沢藩首脳が、まず決めたことは会津には酒はもういらないだろう。従ってここは米沢の酒を一本でも多く集め、それを官軍に持参することを決めたのです。

別に非難をするつもりはありません。米沢藩首脳は必死になって自国を守ろうとしたわけですから、非難すべきことではないのです。ただ話題にはなったようです。戦後ですが、勝海舟が「米沢はちょっとひどいじゃないかえ。あれは米沢の汚点だよ」といったそうです。米沢の人は黙り込んでしまったといいますが、人間は追い詰められると、こうしたことになるのもやむを得ないかもしれません。

孤立無援

会津はそれから一か月間、大変よく戦ったと思います。孤立無援の戦いでした。薩長新政府軍は城の三方に百門以上の大砲を据えて毎日撃つのを日課にしていました。一方は開けておきました。これは戦国時代から城攻めの鉄則で、城兵を逃がすことで戦力の低下を図るわけです。とにかく昼夜を問わず砲撃を加えました。朝飯を食い終わると即攻撃開始、薩摩藩隊の大砲からドーンとまず一発撃ち出すと次々と各藩の大砲隊が発砲しました。

会津藩は既に大砲の弾を撃ち尽くしているので、撃ち返すということは無理なわけで、夜間のゲリラ突撃、旧日本軍の突撃部隊みたいなもので対抗しておりました。これも次々にやられ、じり貧状態になって行ったのです。

この戦争は不思議なものでした。一か月に及ぶ籠城戦の間、和平交渉が行われたという節が無いのです。豊臣秀吉にしても誰にしても、いろいろな城攻めがありますけど、もういい加減やめようか、という具合になるのは普通でした。ところが皆無なのです。

土佐の板垣退助も行っていたのですが、彼も砲撃を加えるだけでした。完全に参った降参というまでとにかく撃てというんで一日二千発もの砲弾の雨を降らせたのです。会津城には目も当てられないほど穴が開き、日々、何人もの老幼男女が死んで行ったのです。

その当時、破裂弾もありましたからドーンと破裂して死ぬ人もいました。

焼き弾といって鉄を焼いたものが丸ごと飛んで来る弾もありました。それが飛んできた場合は着物を水で濡らした会津藩の女性たちがパッとそこに着物をかけて冷やしてその弾をまたこっちから撃つのに使うというような戦争でした。

ところがパッと飛び付いたら破裂弾だったため、その場で体を吹き飛ばされて死んだという女性もおりました。

これはもう日本の国内戦争史上、織田信長が比叡山の僧侶を皆斬ったなどがありますが、それらを踏まえてもやはり、会津の戦争は、それに匹敵する虐殺であったと思います。人間の残酷さをむき出しにした戦争ではなかったかという感じがします。

戦争ですから勝つ時もあれば、負ける時もある。それはいいとして一旦戦争が終わった場合は、お互いに武士道によって、けりをつけるべきではなかったかと思うのです。日露戦争の時の日本軍の態度は、非常に立派でした。乃木希典《のぎまれすけ》は長州の人ですが、戊辰戦争から学んだものがあったのではないでしょうか。しかし会津戦争では、人道主義はひどく欠如していました。

戦後の対応もそうでした。会津藩士は全員霊鬼、魂の鬼になって戦うんだという遺書を懐に入れていましたから、やはり怖かったのでしょうか。戦争が終わった後もいつ彼らが刃向かってくるか分からない、したがってなるべく遠くのところに飛ばした方がいいと、これでもかこれでもかという悲惨な暮らしを味合わせました。丁度シベリアの流刑と似ていると思うんです。

下北半島の人には申し訳ないのですが、今でこそ下北半島は観光地で、私も何度も行ってますが、当時は米は穫れませんでした。武士が行ってそこを開拓をするということは、ほとんど不可能に近いことだっのです。

会津藩士は無理矢理そういう状況に追い込まれたのです。下北半島に追い払ってしまえば、何かことを起こそうと、東京に攻め上るなど不可能に近い。これで安心だという感覚だったと思うんです。そういうことが怨念として会津に残っているんです。

そしてこれは中国とか韓国の人びとが日本軍に対する思いと同じような痛みとして残っているのではないかと私は思っているのです。

不思議なことはまだまだあります。

戊辰戦争が何だったのかという検証が、ただの一度も行われて来なかったのではないかということです。つまり会津並びに列藩同盟軍の方は憎き薩長ということで、百三十年間、怨念を抱き続け、勝者の方はとうに忘れてしまって、

「聞くところによると、あれは悲惨な戦争だったそうですね」

という程度の話になってしまったことです。

太平洋戦争の場合も日本軍が中国で何をやってきたかということは、誰も喋りませんでした。向こうから告発されて、そうだったんですかということになってきたわけです。それと同じことがこの戦争にあるのです。

ベトナム戦争

いつだったでしょうか、この一か月か二か月前にNHKテレビで、ベトナム戦争を問い直すテレビ番組を放送しました。これはハノイで録画したものですが、アメリカのベトナム戦争当時の国防長官のマクナマラさんが提唱したのですが、一体ベトナム戦争とは何であったのか、この戦争を回避する道はなかったのか、というテーマで両国の当時の軍人、外交官が討論会をやったわけです。

皆さんもあるいはご覧になったかもしれませんが、お互いに言っていることがまるっきり違っていました。

例えばマクナマラ元国防長官は当時のアメリカ政府の対ベトナムのとらえ方について述べたのですが、冷戦の時代ですから、そうなのでしょうが、ベトナムはソビエト並びに中国の手先である。ベトナムは南に侵攻し、それからも東南アジア全体に共産主義を広げようとしているという認識だったというのでした。

したがって自由主義国家を標榜するアメリカとしては、何が何でもこれを阻止しなければならない。ＣＩＡの報告もアメリカの外交筋の報告も全部そうであった。私の手元に来る報告は皆そうであったと彼は言ったのです。

そうしたら向こうの方が憤然たる顔で、

「とんでもない、我々は色んな援助はもらったけれど中国とかソビエトの手先でない、我々はベトナム民族であって民族が統一を考えて何が悪いのですか。決して我々はそういう手先ではない。まして他の国まで侵略をしてその共産主義革命を起こすなんてことは微塵も考えたことがない。これは誰に聞いて貰ってもわかる」

ということになったのです。

そうして互いに顔を見ながら啞然としていたのです。つまり基本理念からして違っていたのです。アメリカが北爆に踏み切るかどうかを決定するため調査団をベトナムに派遣したことがあったということでした。その調査団がサイゴンに入って状況を聞いている最中に、どこかの空港がベトコンの大攻撃を受け、アメリカ兵が多数死傷し、飛行機も破壊されすごい損害を出したことがあったそうです。アメリカはこれは我々軍事顧問団に対して攻撃をかけたんだ。徹底抗戦の意志ありと報告書を作って大統領に送ったそうです。大統領はそれを見て、

「やっぱりそうか。これはアジア全体を共産主義化していることに間違いない」

と、北爆決定のサインをしたというのでした。

ところがそれを聞いたベトナム政府の高官軍人は、我々はそのアメリカの調査団が来たなんてことはもうまったく知らなかった。そんなアメリカの動きなんか分かる訳ないしジャングルの果ての向こうの方にいるんだから、そんなこと一切知らないではないか。その飛行場を攻撃せよと軍の参謀部から命令を出した覚えもない。

確か後でそこの部隊の部隊長が独自の判断で攻撃しましたという報告は受けていたと反論したのです。

一方では軍事顧問団、調査団に対する先制攻撃だと思い、一方はこんな人たちが来たのを知っているはずもない。たまたま現地の部隊長が奇襲攻撃をかけたに過ぎないというのでした。戊辰戦争の場合も双方から研究者を出して一度、徹底討論をすべきではないかと思っております。

何を学ぶか

多分にひどい誤解もあったのではないかと思います。

さて、戊辰戦争から我々は何を得たのかということですが、会津若松の山内市長が申されたように、戦争に敗れはしましたが、東大総長になった山川健次郎とか、京都の同志社大学を造った山本覚馬とか、多くの人材を生んだということがまずあげられるでしょう。負けじ魂というか、反骨の気風というか、これは大事な遺産だと思います。

ある時期まで政治はほとんど薩長によって占められて来たわけですが、盛岡の原敬《はらたかし》が薩長以外から初めての総理大臣になったことも特筆されるでしょう。戊辰戦争に対する無念の思いを彼はいつも持っていたといわれています。それにくらべると、残念なのは会津から総理大臣がでていないことです。外務大臣をされた伊東正義《いとうまさよし》さんが、総理大臣の候補となったことがありました。私はその時、秘書の方にここは死んでもいいから受けるべきだと言いました。長州の萩からは何人もの総理大臣が出ているのに、会津から一人も出ていない。これはチャンスでした。

ところが伊東先生は政治なんでばかなことだから俺はやりたくないとおっしゃったのです。それもその通りですが、ここは原敬の姿勢を見習って絶対に受けるべきだと思ったのですけれども実現しませんでした。

そしてなったのが宇野《うの》総理です。伊東先生が総理になられておれば、あの宇野政権はなかったわけです。非常に残念なことでした。

これからの課題ですが、東北はもっと自己主張をすべきだと思います。たとえば高橋是清《たかはしこれきよ》、今話題の人物です。あの人は仙台藩が育てた人物なのです。仙台藩は江戸に若手が大勢おりました。大童信太夫《おおわらしんだゆう》という江戸留守居役がおりまして、彼はすごく西洋かぶれの二十代後半の若い人でした。外国の新聞を買わせて読んでいるという洒落た人でした。もっとも自分は読めないので福沢諭吉に読んでもらい、なるほど、アメリカはこうなっているのかと、一所懸命うなずいておりました。

大童も玉虫左太夫の門下生でした。大童はアメリカに留学生を送り出し、これからの日本を考えなければならないと考えるようになりました。

戊辰戦争の前のことです。そして三人の若者を選んで横浜のヘボン博士の家に送り込み、留学させることにしたのです。

その一人が高橋是清でした。是清は江戸の生まれで、仙台藩の高橋という足軽格の人に養子に入った人でした。彼はアメリカで、いろいろあったようですが修業して総理大臣、大蔵大臣を歴任したのです。

仙台人は高橋是清をもっと自慢してもいいと思うのですが、仙台の人だということを知らない人が多いくらいで、残念な話です。

それから玉虫左太夫の復権を、どうしても図らなければならないと思っているのです。列藩同盟の壮大な理想は実に立派なものでした。民主的な国家を造ろうとした彼の理念をもっともっと高く評価してしかるべきでしょう。

仙台藩はその後、勤皇派と称する一派が台頭して玉虫を戦犯として差し出し、無残にも斬首されたのです。玉虫は確かに参謀ではありましたが、間違ったことを主張したことは一度もなかったはずです。首をはねる必要はまったくなかったのです。

仙台藩の勤皇派は奥羽越列藩同盟の貴重な証言者を抹殺したのです。

玉虫左太夫という人は幕末の日本最大のジャーナリストではなかったかと、私は思っております。

アメリカの見聞記は何人もの人が書いていますが、玉虫の右に出る人はおりません。日本の制度に対する批判を含め分析力は大変なものでした。

アヘン戦争についても玉虫は香港に寄って、詳細に取材しています。玉虫のところに中国人が群がって集まり、我々はいかに酷い仕打ちを英国人から受けているか。こん棒で殴られるまで犬のように扱われている。日本はこうなってはならないと口々に言ったというのです。

そういうこともふまえて独立国家としての日本のあるべき姿を玉虫は考えたと思うのです。玉虫が明治に生きていれば、列藩同盟の戦争戦略とか、東北人の夢や理想も浮き彫りになったに違いなく、彼の死は残念無念というほかはないのです。ともあれ時間が参りましたので、ここで止めさせていただきますけれども、これから討議の中で、戊辰戦争の実態がさらに明確になって行くだろうと思います。

その意味で今日の討論会は、画期的な試みであり、これがきっかけになって研究者同士とか、あるいは若者同士の間で討論を重ね、一体戊辰戦争とは何だったのかということが、遅ればせながら明らかになって行くのではないでしょうか。

そういう意味でこれを主催され、司会も務められた角館町長の高橋雄七さんの着想はまさしく凄いと思います。

すでに各新聞テレビが注目し、取り上げていることからも証明されているわけで、今後これをどう継続させていくかが今日、お招きをいただいた我々の課題ではないかと思っている次第です。御静聴ありがとうございました。

第十章　長州との和解はあるのか

歴代会津若松市長座談会

平成十四年に福島県の経済雑誌『財界21』の主催で、長州との和解問題も含めて「東北に向けて『いま、会津が果たすべき役割は何か』を考えよう」という座談会が開かれた。

当時の市長の菅家一郎さん（現衆議院議員）をはじめ、第二十八代市長猪俣良記《いのまたよしき》さん、第二十九代市長早川廣中《はやかわひろなか》さん、第三十代、三十一代市長山内日出夫《やまうちひでお》さんが出席され、私が司会進行を務め会津対長州の確執をどのように解決すべきかをテーマに話しあった。

以下は紙面の関係上、大幅に要約したものです。

星　幕末を代表する三藩、薩摩、長州、会津の一つとして、特に長州との問題について、二十一世紀の中でどういう展望を抱いていくのかが今日は第一番のテーマになるのかと思います。

菅家　戊辰戦争における〝薩長との関係〟をどうするのか、ということについては、まずは歴史的なつながりのある自治体とのネットワークを構築して、その次に「どうしようか」という議論が生まれてくるものではないか、と思います。

山内　実は、きょうの座談会の話をいろんな方に話してみたのですが、

「何をいまさら…」

「まだこだわっている方もいるの？」

という方もいらっしゃいます。青年会議所の方などは、

「いやぁ、こだわるべきだ」

という方もいらっしゃる。いろんな反応がありますが、個人的には歴史は乗り越えるものだと考えています。

早川　長州藩とのことについては、現在もいろいろな感情問題があるということは事実です。会津藩が長州藩と戦い、それが終わった後も、戦いの最中の悲話などが代々伝わって感情問題が残っているように見えます。

五、六年ほど前、萩市にいく機会があり、いろいろ調べてみました。会津藩では戦いに負けた後、前原一誠《まえばらいっせい》のところに秋月悌次郎《あきづきていじろう》が訪ねていき、当時の会津藩が一番頭を痛めていた松平容保公の処遇問題を頼んでいたと思います。

なるべく罪を軽くしてくれ、ということだったのではないかと思います。

それからこれが一番大きかったと思うのですが、山川健次郎《やまかわけんじろう》（会津藩家老の三男で日本最初の理学博士）以下三人の将来ある青年を長州・萩で教育してくれ、と預けた。これが留学につながっていくわけです。幕末には三つの藩でいろいろあったが、西南の役まで入れると、一勝一敗なわけです。

猪俣　萩市と仲直りすべきだという論を展開したのは私ですね。長年、「朝敵・国賊」という汚名に会津は泣かされてきました。ところが、いつの間にか「朝敵・国賊」とは呼ばなくなりました。

考えてみますと主君松平容保の三男は、乃木希典将軍の副官だったことで、日本大学の創立者、長州の山田《やまだ》顕義《あきよし》伯爵の養子に入った。

松平家と長州藩が縁戚になったわけで、大正二年、大正天皇の貞子皇后が薩摩の藩士の樺山《かばやま》愛輔《あいすけ》伯爵を通して、松平節姫（容保の孫）の婚姻のあっせんを依頼しているんです。それがきっかけで、節姫（のちの秩父宮勢津子妃殿下）の婚姻が成立している。これが唯一、会津藩が「朝敵・国賊」の名を払拭した時だろうと思います。

そういういきさつを考えると、いつまでも長州藩を憎んで恨みつらみを持っているということは、どうだろうかと思っています。

私は市長を辞めてから仲間たちと萩に旅行にいった時、人力車に乗ったのです。

「お客さん、どこからきたの？」

と聞くので、

「会津からだよ」

といったら、

「会津には萩から代表者が行った時、手を差し出して『仲直りしよう』といった市長がおられたといいますよね。萩では大変な評判になっていますよ」

といったので、

「それはオレだよ」

といったら、びっくりしてね（笑）。

普通は見られないようなところを案内して見せてくれましたよ。

菅家　日本をどう創るか、ということで当時の若者が命をかけて戦い、その過程でのいろいろないきさつの中で、西側（薩摩藩や長州藩）が会津藩の恨みを買った。命をかけて東西で戦った歴史的な事実を踏まえながら、これから二十一世紀の日本をどうするか、という視点に立って、力を合わせて国を良くするために頑張らなくてはならない時代である、というふうに認識しています。

その意味で、会津若松市の役割は極めて大きいと思います。

「本来、東北は勝つはずだった」

星　以前、宮城県の白石市長がこんなことをいっておりました。

「本来、東北は勝つはずだった。秋田が裏切ったために我々は負けたのであって、我々は正義のために同盟を作ってやったのだ」

その中心が会津だったわけです。ですから、菅家市長がおっしゃるように、会津を拠点とした東のネットワークをもう一度練り上げて、西側のネットワークと対でぶつかり合うというのは面白いですね。

山内　この座談会でも、集まった私たちの意見はみんな違うわけです。では、何がそうさせているのかということを、会津人として考えたことがあるのか、ということです。

会津藩と長州藩という悲惨な戦争の姿は、遺体も埋葬出来ずにいたとか、攻められた集落にはこういうものがあったとか、いろんなことがいわれ続けていますが、「対長州」に対して何がこのような状況を作り上げてきたのかということについては、それぞれの方々が散発的な発言をしてきただけで、会津人としてきちんとした議論の過程を踏むということはいままでなかったわけです。

どうあるべきかという議論がし尽くされていないから、いろいろバラバラな意見が出てくるのだと思います。

私自身も、会津にずっと住み、幼いころから祖父母や大先輩方に聞かされてきた中にあって、「戊辰戦争」という歴史を振り返った時、きちんと検証していく時であると思います。

会津若松市には、歴史的なことを承知している方がたくさんいらっしゃるわけですから、そういったことを掘り下げていくことが必要です。

「歴史は乗り越えるものだ」というところから始めないことには、一歩も前進はしないということだと思います。

星　宮崎十三八《みやざきとみはち》さん（郷土歴史家・故人）はいろんな作品の中で「長州は絶対許さない」と述べておられますね。第一に朝敵の問題、第二に埋葬の問題、そして第三に戦後の処理の問題です。宮崎さんはそういうことについて、だれからも、

「申し訳なかった」

ということはないし、被害者としては何も回復してはいない。だから、長州と手は結べないのだ、といっておられる。

それはそれで貴重なご意見だし、みなさんの心の中に間違いなく共通している問題ですが、そこからどう発展させるのかということが、どうも、そこからいつもうやむやになって来たといえますね。

山内　そうですね。「すれ違い」という部分が観光戦略としていいだろうとか、地域のことを考えていけば、戦略としてこういう効果があるだろうということは、みんな承知しています。だから、あえて和解せずに長州藩と会津藩ということで、侃々諤々《かんかんがくがく》やっていた方が日本全体を巻き込む上では、会津の戦略としてよろしいだろう、ということもあるとは思います。

ただ、それと歴史観というものを一緒くたにすることは、違う流れに持ち込まれてしまうことになります。

いまを生きる私たちにとって重要なのは、立脚すべき歴史が真実味を帯びたものであるかどうかです。だからこそ、しっかりと見つめる必要があります。

早川　私がいま所属している白虎隊記念館には、山口県からきた団体客が一年にだいたい五十団体以上おいでになります。福岡、大分、熊本、あのあたりからは、何百団体というお客さまがおいでになります。鹿児島からは五十団体ぐらいですかね。この数から考えても、会津への関心は深いのだと思いますよ。

「どちらからおいでですか？」

と聞いても、どこからきたとおっしゃらないんですよ。でも、言葉のアクセントでだいたい分かりますよ（笑）。そういう方たちに説明させて頂いていることは、

「これからお話しするのは、一八六八年の明治維新、政府が出来た前後の話です。明治政府が出来た時より十五年前が一八五三年。その時にペリー艦隊が幕府に開国を迫ったのです。その時、徳川幕府の井伊直弼大老が開国には踏み切ったけれども、暗殺された。その後、会津藩は徳川十四代将軍に付いて京都にいくわけです」

九州からきた団体客は、

「会津にきて良かった。会津にきていろんなことが分かった」

と、いってお帰りになります。

猪俣　長州では、民間と行政が一体となって会津若松と仲直りしましょう、といって意見をまとめてある。会津若松市にその対応が出来るか、といったら出来ていない。問題はむしろ会津にあると思いますね。

長州と会津の区別ない鎮魂の碑

星　一度、まともに討論をやってみれば、また展開が違ってくるように思います。どうやら、すれ違いの中でいがみ合っているようなところがあるように感じます。

民間の会津史談会（昭和六年に発足した会津地方史の研究・調査を行っている民間団体）や

会津史学会（昭和四十二年に発足した史学一般を研究・調査する会津人を中心とした団体）のような組織が萩市にもあるので、そのあたりから呼びかけて、一度やってみる手はあると思いますね。

猪俣　私が申し込んだのは、萩市で五十人、会津若松市から五十人、NHKが仲介をして両方で討論しようとしたのですが、それを潰したのは会津若松市の一部の人たちでした。

山内　いろんな方々が、いろんなことを投げかけてきてはいるのです。宮崎先生のような観点もある。ただそれが、会津としての事実認識とか検証がきちっとされて相手方との論争になっているか、ということになると、いまひとつなっていない。

お互いに歴史観はきちんと議論していかなければならないですね。

菅家　ただ、タイミングというのがあります。平成十二年には高遠町（長野県）と会津若松市は保科正之公ゆかりの親善交流を行ったわけです。

その当時は、NHKの大河ドラマ「葵　徳川三代」が放送されていて、その中で会津藩祖の保科正之公も登場したわけです。

平成十一年には鳴門市と松江《まつえ》豊寿《とよひさ》とのゆかりで親善交流都市を締結しました。それには市民手作りの豊寿の演劇が会津若松市で上演されました。

早川　実は「日本の歴史学会」では、昔はマルクス経済学者が九〇パーセントもいた学会で、会津の歴史や明治維新は取り上げなかったのですが、「明治維新学会」というのが出来て、その学会でいま全集を出しているのです。そこに会津藩のことがやっと、取り上げられるようになりました。

その学会が、五年ぐらい前にきて県立博物館で学会を開いて、会津の人と討論したいと思って、会津史談会や会津史学会の人を総会に招待して、会津の人と話をしたいと時間を設定したのですが、とても討論する雰囲気ではなくて、みんな帰ってしまい、しらけてしまったことがあります。

だから星さんが提案してくだされば、いろんな人が集まって議論が進む。会津史談会や会津史学会の代表だけが中心となれば、さっぱり話が進まない。

星　ただ和解の問題は、いくら論じても断定的にいえない、非常に複雑な問題です。私は、青森県にもよく行くのですが、彼らは相当強力な意見を持っていますから、「会津若松市だけで、我々をないがしろにしてこの問題を討論してもらっては困る」とおっしゃっておられます。

菅家　一昨年、戊辰戦争で亡くなった御霊を供養しようじゃないか、という新たな動きが若い人たちの中から生まれました。

それは長州藩、会津藩の区別なく鎮魂の碑を創ろうという動きです。

その輪が広がっていくことがあれば、非常に素晴らしいことになると期待をしています。

早川　会津若松市にも同窓会の人がいますね。富士通にいる山内さんが大学の同窓会報に「山川健次郎と会津」を記載し、全国で配ったのです。こうして山川先生の胸像を作ることができました。

山内　単に、萩市と交流をする。仲良くしましょう、という問題ではなくて、会津としての歴史観をどう子供たちに伝えていく努力をするるか。そういったベースになる部分を、きちっと整理すべき時だと思うのです。

ですから、私たちとして次の世代の子供たちに会津の歴史はこういうものだよと、どう伝えるかということが根本的にあってしかるべきなのですね。

それが長岡市であれば、毎年、子供たちに、

「自分たちの先人たちは、こういう行動をしたのですよ」

ということで、会津若松の長岡藩士のお墓参りにくる。そして、会津の子供たちも先人たちの行動を知らなければならない。

そういった歴史観についての議論をしてこなかったことが、ずっと続いています。

早川　会津の歴史観というのは、敗戦の反省もあって第二次世界大戦でいったん、中断しています。そして昭和二十年代、三十年代から司馬遼太郎先生や早乙女貢先生、そういう方の意見がどっしりと入り込んできたわけです。これを検証しない限り、うわべをいくらやったってダメなんですね。

県立博物館に戊辰戦争の常時展示を！

星　会津若松市には、県立博物館があります。あそこは会津の歴史博物館でもあるわけですから会津の戊辰戦争を常時展示してほしいと思っております。

山内　おっしゃる通りだと思います。
子供たちは県立博物館に行って、いま住んでいるところの土地柄というか、歴史を学ぶわけです、一層の充実を期待したいですね。

星　何人かの人から、刀とか鎧などを寄付したいという相談を受けたことがあったんです。県立博物館がいいと思い、紹介しました。ところが寄託者の方から、
「いってみたらどこにもない。展示されていない」
といわれて困ったことがありました。
蔵の中にしまってあって、二年に一回ぐらいしか、展示されない。これでは困りますね。

山内　会津若松市の図書館などにも、古文書がものすごくある。戊辰戦争の後に全部寄付で建てたわけですから、ものすごくいっぱいあるんです。
ただ、それがなかなか日の目を見ない。

菅家　実は、蒲生氏郷公の記念的な美術作品の展示などを考えたことがあるのです。仙台の博物館に展示されている、支倉常長公コーナーの突き当たりのところに「悲しみのマリア像」というのがあります。これは蒲生氏郷公がレオ氏郷というぐらいの熱心なクリスチャン大名で、その時に描かせたといわれる絵なのです。
それを借りて展示するには、いまの鶴ヶ城の天守閣では湿度や温度管理の面で出来ないからダメだというのです。県の博物館であれば、十分に環境は整っているので受けてもらえるのではないかと思います。

星　だから、常設の会津の歴史コーナーを県立博物館の中に作ってもらわないとダメだと思います。

それから延々と座談会は続き、会津若松市に「戊辰戦争記念館」が欲しい。学芸員をもっと増やすべきだなどが話題になった。

会津大学の学部増の問題も話し合われた。

宮城県立大学、岩手県立大学も秋田県立大学も、学部は三つぐらいある。そうすると、コンピュータ理工学部一つでは、物足りない。

歴史文化学部とか国際観光学部いうものがあれば、学生も全国からくるし、それから対長州とのいろんな理論武装もできる。私はこれも提案した。

星　萩市の場合、全国規模で学芸員を毎年、採用しており、秘書課にも広報課にも学芸員の肩書きを持った人がおられた。これは、長州藩が日本の近代化を成し得たとして長州の人々は非常に明確な理論武装をしていた。

こちらはこちらでやはり、県立博物館の改革、会津大学への学部設置などの中から、萩市との対等な関係が出来てくるのではないでしょうか。

早川　実は歴史学部という案はありました。かなり有力ではありましたが、設置が実現しなかった理由は二つあって、一つは文部省がほかの学部の許可はしたくない。コンピューターならば最優先の時代だから、という理由でした。

当時は日本にそういう学部がありませんでしたから。もう一つは、地元ではコンピューターだと富士通との産学共同が実現するんじゃないか、というムードもありました。


それから第二部に入った。

盛岡にとっての戊辰戦争

星　盛岡の人たちは、戊辰戦争の討論会をやっても、対応が全然違います。

「我々の戊辰戦争は解決済みである」

というのが盛岡の人たちのいい分なんです。なぜかというと、原敬《はらたかし》が少年のころに、

「おれは薩長政府が気に入らない」

と宣言し、その通りやって初代の総理大臣になった。これによって我々は勝利した、ということですから、一味違うんですよ。

盛岡の人たちには「ケリを付けた」という感覚がある。

それはどういうことかというと、先人がいて、史実を正しく継承してものすごく誇りを持っているわけです。

山内　会津の偉人に関してまとまった小冊子があり、それがもとになって街中に〝偉人像〟を建てたらという小運動が起こり、それが形を変えて、私の市長時代に〝人物の案内板〟にな

ってきたものです。
だから私たち、会津人にとっては長い時間ではありますけれども、それを具体化するためにやってきましたし、また、会津の偉人たちをきちっと、後世に伝えていかなければならないという意識は強く持っています。

菅家　鳴門市にいき、松江豊寿公のあのような資料館を見ると、公の地元としてきちんと継承しなくてはならないと思います。

星　水沢にいったら、高野長英記念館のほかにも三つぐらいの記念館があるんです。それで、水沢市の子供たちは、
「わがマチには偉人がいる」
と思っているわけです。
しかし、会津若松市には希薄ですね。白虎隊だけはありますが。

猪俣　会津若松駅前に立つ白虎隊の銅像は、刀を持たないで鉄砲を持っている。ああいう間違った銅像を堂々と建てて、市は直そうともしないでそのままにしている。何が観光だ、と笑われますよ。

星　そういえば、鹿児島の駅前に「薩摩藩青春群像」というのが立っているのですが、毎日毎日、高校生がそれを目にしている。それは幕末にイギリスに密航した鹿児島の少年たちの像なのです。
その中に森有礼《もりありのり》など当時、明治社会の中で偉くなった人たちが何人も立っている。やはり、

ああいうもので若者にアピール出来るのではないかと思うのです。

「お前たちの先輩はみんな、こうやってイギリスまで密航して、新しい日本を創ったんだ」と。

会津若松でも、何かこう、奮い立たせるものが欲しいですね。

菅家　当たり前のことなのですが、「和」が注目されて、若い人たちが時代劇に非常に興味を持ち、コミックでも時代物が流行っています。日本的な文化に若者が注目していることを考えますと、会津若松市にはお城があり白虎隊があり、「もののふ（武士）的」な雰囲気があります。そういう中で、しっかりと白虎隊を軸に会津人の気質とか武士道をＰＲすべきかと思うのです。

もう一つは、新選組の近藤勇のお墓もあるわけです。土方歳三が会津入りをし、板橋で亡くなった近藤の無念がお墓の建立につながる。こうした歴史的なものを、しっかり伝えていく必要があります。

星　それは、ぜひやってもらいたいですね。というのは、萩市にいく途中の道の駅に、吉田松陰ら維新の群像がどかっと等身大で並んでいるのです。最初にそれが出迎えてくれる。

会津若松市であれば、インターを下りたら、最初にそこに白虎隊の銅像がズラッと並んでいて、それが最初の歓迎だというふうにアピール出来たらすごい。

「白虎隊の故郷にきたなあ！」

という感じがするはずですよ。萩市ではそれをやっている。

山内　それはなかなか面白い発想ですね。マチ自体にはシンボリックなものが必要ですよ。

ほかの地域からこられた人たちには、特にそうですが〝形〟としての印象を持ってもらう強さは必要ですね。

菅家　会津若松市は、意外とそういう部分が弱いのかもしれません。

猪俣　それから白虎隊の奮戦の地。いまは裏通りになってしまっているようなところもあるので、立派な碑を造るべきだよ。

会津に入ってくる時の最初の玄関口だし、奮戦の地なのですから。

私が市長時代に「白虎隊奮戦の地」というものをあそこに造ろうと思ったのですが、落選したからどうにもならない（笑）。

会津は東北の聖地

星　萩の「維新の群像」のことは調べられた方がいい。萩市への入り口に数体ありましたね。

長州はやるな、という感じでしたよ。

市がやると税金を使うことになるので、民間あたりが出来ればね。萩市でも資金がなくて張りぼてのものなのですが、将来的には立派に作るといっていました。


早川　萩市の場合は、外からの評価と中（地元）の人の意見がほとんど一致しているのです。

この前に行った時にいろんな人に案内してもらいましたが、テレビ局も新聞社もみんないうことが統一されている。

その点、会津にはたぶん、負けたというショックがあったと思うし、一部の人が青森に行ったというようなこともある。

しかし、時代は変わってきている。わが国も大きな転換期に差しかかり、会津もまた大きな岐路を迎えた。

今日は大変意義ある座談会だと思います。

山内　いま、平成維新という言葉がよく使われますが、会津の先人たちは江戸から明治への変革の時代を創り上げた東の勇者です。

奥州列藩同盟などはその典型的なものであり、当時の日本をどうするかといった理念がありました。現代の今日的状況に対して〝会津宣言〟を出しても良い歴史と土地柄です。

猪俣　会津若松財界の人たちと、こういう話をしたことは一度もありません。いままでは行政の取り組みに限っていたが、もっと会議所の人たちとも話し合っていく必要がありますね。

菅家　先人たちが、命を賭けてあれだけ戦い、近代日本が生まれました。そういう意味で、いまの日本をどうするかの責任はお互いにあるのではないでしょうか。互いに努力し合うことが必要と思います。

星　会津の梶原平馬が呼び掛けて、「一緒にやろうじゃないか」と奥羽越列藩同盟が結ばれたわけです。だから、東北六県に対する責任も持たなければならないと思います。つまり、会津のために、米沢も仙台も協力して賊軍になってしまったわけです。

みんな、その時の会津の心情に共鳴して参加してくれた。そのような意味で会津は、東北の聖地でもあるわけです。聖地としての精神的な整備、あるいは施設面も含めた整備が必要なのです。

菅家　ここは、知恵を出してやるしかないです。ありがとうございました。

市長経験者は、薩長との和解に一定の理解を示しており、これは画期的な座談会だった。問題は神様の異名を持つ元会津若松第二十四〜二十六代市長高瀬喜左衛門《たかせきざえもん》さんの発言である。高瀬さんは、

「錦の御旗を私《わたくし》したのは、自分たちに自信がなかったからで、そうでもしなければ勝てなかったからです。このことは、今更どうなるものでもありません。歴史の事実として、今後の戒めということでご了解頂けぬかと言ったら、それを謝罪の意と解して許すことであろうが、なければ和解はできない」

という一言を残して他界された。

高瀬さんは会津産業懇話会を設立、若手を集めて勉強会を開いてきた。私もメンバーの一人だったが、なにごとも毅然たる態度を貫かれ、高瀬さんの発言の重みは、他を圧した。

第十一章　神様の遺言

高瀬喜左衛門という人

私の本『呪われた明治維新』でもご紹介したが、高瀬喜左衛門さんは大正十二年、会津若松市に生まれた。旧制会津中学校、旧制水戸高校から、京都帝国大学理学部に進まれ卒業後、帰郷し、家業の白木屋漆器店代表社員となり、会津高校講師、県立会津短期大学講師などを兼務された。

昭和四十三年に会津若松市長に就き、三期市政を担当した。毅然たる態度の名市長だった。その後、竹田総合病院理事長や県立会津短期大学学長を務めた。

高瀬さんは、平成十五年、財界21の単行本『ならぬものはならぬ―会津武士の精神が日本を救う』に次の一文を寄稿し、会津対長州の確執に関するご自分の意見を述べられた。

それは、会津若松では神の声として、すべての人々は、この声を支持している。

特別寄稿はほぼ次のようなものだった。

なぜ、会津藩は朝敵の汚名を着せられたのか？

私の友人の意見だが、会津藩は上下一致団結して孝明天皇の路線である、公武合体の方向で努力してきたが、天皇の余りにも急な崩御をめぐって長州が主導権を握り、会津が蚊帳の外に追い出されたのが賊軍の汚名を蒙った原因であろう。

次は個人的な見方だが、実はこの裏には岩倉具視の陰謀が隠れていたのではないか。つまり、皇女和宮の御降嫁まであれほど努力した彼が、長州の路線に変わったのである。

私は、彼は倒幕の路線を走ったばかりでなく、王制復古の実現を超えて、それを天皇親政により近づける働きをしたと思う。そのことは、更にその後の「天皇の統帥権」の問題の引き金にも触ってしまったように見える。倒幕の声があがり、会津が賊軍呼ばわりされた原因は彼にあるように思われる。

徳川慶喜が政権を唯々諾々《いいだくだく》と手放した裏には、水戸藩の正閏論《せいじゅんろん》が伝統的に存在するように思われる。幕府から朝廷への政権の移動を革命と見るならば、将軍を議長とし列藩諸侯を議員に据える「列藩議会」などを設けるよりは、将来は何れ廃止されるであろう、二重構造による二段革命の無駄を廃するだけでなく、「追いつき追い越せ」の富国強兵目標を手早く達成できるかな、とおもってのことであったろう。

しかし歴史に「もしも」はないといわれるその「もしも」になるのだが、慶喜が政権に未練をもって時間稼ぎをした方が天皇親政も緩和されただろうし、中央集権ではない地方分権の道州制などに導くことになったものかな、等と想ったりするのである。

私は、長州を許せないなどと思った事は一度もない。たとえ死体の埋葬不許可だって、許すことにしよう。

『恕してこれを行う』と言うではないか。逆に私は、長州側が、

「明治維新の際、倒幕を唱えたのは誤りでした」

と謝ることが出来るかを問いたい。もしそれが出来ないのなら、

「倒幕は岩倉具視の発想で、長州の主張ではありません」

と言い逃れ切れるのか？

会津の許せない不満は「長州の我が儘」、御宸翰に言う所の「暴論を疎《つら》ねし」輩である長州が賊と呼ばれずに、逆に会津が賊と呼ばれるような事があって良いものかと云うことに尽きる。

文久二年から真面目に京都の治安を維持し、池田屋の変から、それに続く火付けによる大火を未然に救った会津としては、この点だけはどうしても納得できない。

そして、この事が、白虎隊の自刃を、

「あたら前途有為の少年を死なせてしまって」から、「良くぞ我々の気持を天下に知らせてくれて」と言う称賛の気持に変えて行ったのではないか。

会津士魂とは一体、何か？

よく「会津士魂《あいづしこん》」と呼ばれるが、「士魂」というからには、士族のものであって、平民の

ものとは別なものなのだろうか。確かに、戊辰戦争の受け取り方は、士族と平民では全く違っていたかもしれない。あらかたの一般住民は、

「肥後守さまはやらずもがなの戦をお始めになって」

という、怨嗟に近い気持だったかもしれない。たとえ、戊辰戦役の会津軍には、農民、民間の士分以外の階級が若干交じっていたにせよである。

土佐の板垣退助は、

「会津の領民は戦争に協力的でなかった」

と言っている。これにたいする答えは二つあって、その一つは、

「戊辰戦争の受取り方が士分と平民両者の間で違っていたのだから、板垣のいうのは尤もだ」

であり、もう一つは、

「会津の領民が戦争に非協力的であったとしても、それは徳川時代の規範から見て『お侍様のなさることに手出し口出しをしない』という至極もっともな行動であったのである」

という意見であろう。

薩摩は、徳川幕府によって領地を狭められたので、侍の数を維持するためには、郷士の如き中間階層たる制度を設けなければならず、土佐藩の場合は、山内以前の長曽我部の残党が野党として山内氏に強く要求して、下士の如きの存在になっていた。

彼ら、民間と士分との中間層は徐々に流動化し、幕末にいたっては身分化が曖昧化しつつ

あったのではないか？　そのために「領民こぞって」という気分を醸成しやすかったのである。

この点で、薩摩、土佐は幕藩の例外的存在であった。

百歩譲って、板垣の言ったことが正しかったことにしよう。

それはそれとして、会津の士族と平民との行動様式の共通点が一つだけある。それは喧嘩をしたとき、負けてはならぬことである。士族なら無論そのときは勘当されるか、キツい仕置が科せられる。

商家の場合でも、その晩は家に入れて貰えぬくらいのことはあった。ここに面白い逸話がある。幕末のころと聞いているが、ある商家の子供が、近所の侍の子供と遊んでいるうちに喧嘩になった。

相手は刀を抜いたのでどうにも仕様がない。留める人もいないので、素手と刀の喧嘩になってしまった。攻めて来る相手の刀を右の素手で摑んだら、指がもげてしまった。

「これはまずい」

と左手でとれた指を元の場所に押し付けた。

二、三日経ったらなんとかくっついたが、指の向きが逆なので後々苦労したと言う。医学的な是非は知らないが、時代を表した面白い話だと思う。

つまりは、士族の内だけではなく藩全体の気風として共通の部分もあったということである。「〇〇魂」と云うのは確かに有る。

しかし、それは相対的である。従って、会津魂があればヤンキー魂もある。神風は日本にしか吹かぬわけではない。まして、編制されて一年にも足りない白虎隊に基本的な魂などと言われても戸惑うばかりである。

これに関して、白虎隊が軍国主義に利用される、と心配する人がいるがせいぜい戦陣訓などで、「生きて虜囚《りょしゅう》の辱めを受けず」の例として用いられる程度であろう。

日新館童子訓にみる道徳とは？

多分、容頌《かたのぶ》公が編まれた読本『日新館童子訓』ではなく、日新館の「入学心得」か、遊びの什《じゅう》の「ならぬことはならぬものです」を指しておられるものと思うが、「入学心得」なら、抽象的でなく具体的な教えである点は立派だ。

我々が学生の頃、休みの前には、学生の本分に恥じぬ行動をとるように、などの注意を受けたが、具体的な中身は何も含まれていなかったので、先生は何も考えずにものを言っているな、と腹の中で笑ったものである。それに比べて昔のほうがはるかに立派である。「什の教え」も現在では大切だが、わたくしは教えられた記憶がない。商家だから、東照宮遺訓を暗記させられた。

現代版としては、教育委員会で考えておられるものに異論はない。ただ、大切なことを口に出して唱えることには、抵抗がある。汝の神の名を口にすべからず、というではないか。

現代の会津人として

始めからここまでの話は、だいたい慶応から明治の初期までの時代に生きた普通の商人の目に映った、事件の感想と言ったところであろうか。

今度は現代の目で見てみよう。観光との関係も無視できない世の中になってしまった。私は、芸者さんの白虎隊や娘子軍の手踊りをどうこう言う積りは毛頭ない。ただ、そんなつもりで自刃したのではない事をご理解ならば、年に一度の墓前参拝くらいしても良いではないか。

それにしても、二本松の少年隊はもう一度評価しなおされるべきだろう。白虎隊も本来は、戦闘で戦死すべきであった。

そうすると、東に有る二十一人の墓や西に造られた新しい記念碑の意味も良く解るし、当時の人々が賊軍の汚名を晴らす縁《よすが》となった白虎隊の自刃の評価も良く解るのである。

司馬遼太郎先生は、全国各地についてお書きになったが、どの土地も悪く言われたことはない。先生を会津大学の記念講演にお招きした待ち時間の間、面白いことをおっしゃった。

「二十三万石という会津のような大藩で、港を一つも持たなかったのは珍しいね」と。

京都守護職時代の会津藩の努力活躍にかかわらず、会津藩が薩長に一歩遅れをとった原因について、考えているところを暗示されたのかもしれない。

最後に長州との和解の問題だが、長州がいかに物分りが良いからと言って、

「戊辰の改革の原動力になったのは誤りでした」

とは、とても言えまい。といって、岩倉具視のせいにして逃げる訳にもゆくまい。

とすれば、残る和解の道は只一つ。長州側が、

「錦の御旗を私したのは、自分たちに自信がなかったからで、そうでもしなければ勝てなかったからです。このことは今更どうなるものでもありません。歴史の事実として、今後の戒めということでご了解いただけぬか」

と言ったら、それは謝罪の意と解して許すことであろう。

全体として、敗者意識というか、被害者意識はもう止めよう。

そして、加害者にならぬよう気をつけながら前向きに積極的に歩きたい。


高瀬さんの御意見は、冷静かつ客観的なものだった。

高瀬さんはいつまでも薩長をうらみ続けてはならないとも発言されていた。ただし一つ条件があった。錦の御旗を私した非を認めるべきだということだった。

薩長にその度量があれば、歴史的和解もあるということだった。

長州出身の安倍総理がカギを握ることになるだろう。

終章　怨念と鎮魂

さまよう魂

会津対長州、明治維新150年、戊辰戦争150年の間に数々の問題が横たわっているが、見逃がされてきた大きな問題に、怨念がある。

著名な民俗学者で、学習院大学教授の赤坂憲雄《あかさかのりお》さんは、福島県立博物館長である。郡山市で対談したとき、

「会津藩士の魂は、鎮魂されておりません。これが一番、問題ですね」

とおっしゃった。

「そういえば、そうですねえ」

私は初めてその問題の重要性に気づいた。

私は怨念と鎮魂に関する研究の第一人者、神奈川大学と群馬大学で講師を務める今井《いまい》昭彦《あきひこ》さんに電話を入れた。

「ご無沙汰しております。今井さんの出番が来ましたよ」

と申しあげると、

「会津人の怨念に関する作品も書きました。お送りします」

と有難いお話をいただいた。

今井さんは成城大学大学院で、日本常民文化を専攻、これまで『近代日本と戦死者祭祀』に続いて『反政府軍戦没者の慰霊』を発刊され、多岐にわたる内容で、注目を集めている方である。

今井さんは、著書『近代日本と戦死者祭祀』の冒頭で、平成八年十一月二十四日の『朝日新聞』の記事を紹介していた。前にも紹介したが、その内容は次のようなものだった。

長州藩の城下町、山口県萩市の野村興児市長が二十三日、福島県会津若松市を訪れ、山内日出夫市長と懇談。相争った戊辰戦争から百二十七年たって初めて、両者トップの顔合わせが実現した。過去にも何度も和解話が持ち上がったが、会津側が拒否。今回は会津側の市民劇団の招きで、萩側は『私人』『非公式』を強調しての訪問だが、一致したのは、「今すぐの和解は困難」という一点だけ。「基本的にわだかまりはない」という萩市長に対し、「一つの戦いは深い傷跡を残す。会津と長州だけではなく、日本とアジアも同じだ」と会津若松市長。最後まで握手することはなかった。

私もよく知っている出来事だった。

私は野村さんとは、過去に何度もお会いし、会津の怨念について、話をかわしたことがあった。最近も電話で会津と長州の和解の件で話をしたばかりである。

野村さんは市長を退任され、悠々自適な日々とお見受けした。

「気がかりなことは会津との和解の件です。デリケートな部分を乗り越えて和解を実現してほしいものですね」

とおっしゃった。

埋葬禁止

会津人が、薩長に怨念をいだく大きな理由に死者の埋葬問題がある。この問題に関する文献は、遺体処理に携わった会津藩士町野《まちの》主水《もんど》の回想録『明治戊辰殉難者之霊奉祀ノ由来』である。

そこには大要、こうあった。


「官軍の命令は、会津の戦死者に決して何らの処置もなすべからず。これをあえて為す者あらば厳罰すというてありき。されば誰も埋葬をなすものなく、屍体はみな狐、狸、鳶烏の意に任せ、あるいは腐敗するの悲惨を極めざるなり」


町野は、こう述べ、薩長新政府軍の非道なやり方を告発した。

薩長新政府軍の軍務局は早くも開城の翌月から、新政府軍諸藩が墓碑建立に着手、戊辰三回忌にあたる明治三年四月には、長州藩が会津若松に「長藩戦死十五人墓」を建設していた。つまり、すべては薩長新政府軍優先だった。

白虎隊については、会津若松の東北に位置する滝沢村の肝煎《きもいり》、吉田伊惣次《よしだいそじ》が白虎隊士の遺体を密かに埋葬したとされているが、実際には、その妻左喜によってなされたものだった。
二、三日、飯盛山の上で烏の群が喧しく鳴いていた。
村の人達が行ってみると、その悲惨さに眼をおおった。死んでいる者達は、いずれも年頃十五、六歳のもの達であるのを見て、感動し、憐憫《れんびん》の情を覚えた。そこで町野や高津仲三郎《たかつちゅうざぶろう》ら会津に残留した人々が相談し、融通寺の西軍軍務局へ出向いて、白虎隊士埋葬の許可を嘆願した。十数度に及ぶ交渉の末、薩長新政府軍参謀、岡山藩主三宮耕庵は、白虎隊士に限りその埋葬を認めたが、埋葬は黙認という形であったので、その作業は深夜のうちに行われたという。

薩長新政府軍は東軍戦死者を罪人以下と見なして、城西の薬師堂川原および小田山山麓の旧罪人塚を墓地とし、死体の処理を、会津五郡および東部沿道の被差別部落民に行わせるならば、許可すると、しぶしぶ認めたというのが、遺体の処理埋葬問題だった。

町野は、国事に殉難した戦友を犬馬と同じように棄捨場に捨てるのは、遺憾極まるとして再三抗議した結果、死体処理は被差別部落民に行わせることは譲らなかったものの、阿弥陀寺(浄土宗、現会津若松市七日町)と長命寺(真宗大谷派)を埋葬場所とすることを許可したのだった。

一千両の埋葬

当時、一般の藩士は、被差別部落民と言葉を交わすことは禁じられていたため、埋葬作業に関して、彼らとの交渉に苦慮したという。

そこで藩の御鷹頭を務めていた伴百悦《ばんひゃくえつ》が鷹の餌として、鳥獣を得るために彼らと接触していたので、伴が交渉にあたり、人手が数多く必要とのことで、全力を以って死屍を丁重に取り扱うには、約一千両必要だとなった。

そこで城下の豪商で、町役所借金方を務めた星定右衛門が一千両を確保して埋葬作業が始まったのだった。

私は斗南藩の取材に出かけた斗南藩庁を置いたむつ市の円通寺で、会津藩士の殉難者の名簿を見る機会があった。そこには三千余人の名前が書きこまれていた。

「斗南藩の首脳部は、戦死者を慰霊することから始めたのです」

と当時のむつ市長、母方が斗南藩士である菊池《きくち》渙治《かんじ》氏が説明してくれた。名簿は完全なものではなく、円通寺の境内に建てられた記念碑には戦死者数千人と刻まれていた。

新政府側の慰霊祭は大規模なものだった。

薩長新政府の戦死者は三千五百八十八名とされ明治二年六月東京招魂社が、大村益次郎の指導下に創建され、翌七月には兵部省は同社の祭典を定め、例大祭を正月三日（伏見戦争記念日）・五月十五日（上野戦争記念日）、五月十八日（箱館降伏日）、九月二十二日（会津降伏日）の年四回とした。そして同社最初の例大祭が、同年九月二十一日に開催された。これは、会津降伏の前日だった。このように「朝敵・賊軍」の降伏日に設定されていることは、許しがたいことだった。

会津独自の鎮魂碑

戊辰戦争１５０年、会津若松市が大義の心をキャッチフレーズに、いくつものイベントをくりひろげ、これまでにない多くの観光客が会津若松市を訪れた。

「なぜ鎮魂の広場がないのですか。殉難者の名前を刻んだ鎮魂の広場がないのはおかしい」

との声も聞いた。

一か月の籠城戦を繰り広げた会津鶴ヶ城のどこかに鎮魂の碑を建設すべきだという声は以前からあった。

前会津若松市長、現衆議院議員の菅家一郎氏、地元の出版社、歴史春秋の阿部隆一社長も同意見で、

「キャンペーンをおこそう」

と阿部社長は雑誌で取り上げる意向をみせている。

この運動が大きな輪となって広がり鎮魂碑の広場が出来ることを祈念し、この本の締めの言葉としたい。

あとがき

さくら舎の古屋信吾社長に背中を押され、この本を書くことができた。

今年は戊辰戦争150年とあって、各地で実に丹念に戊辰戦争の掘り起こしが行われた。ここにもある、あそこにもある。戦死者の墓地も発見された。

古文書も見つかり、戊辰戦争が各地に残した爪痕《つめあと》を見付けてくれた。

戊辰戦争は、武士だけの戦争ではなかった。

農民も商人も巻き込まれ、会津軍、薩長新政府軍、双方の戦闘に巻き込まれた。

越後と会津の国境である只見地方では避難民の食糧に窮し、役人が自決する悲劇もあった。

鬼畜薩長と会津人は憎んだが、

「哀れだ、哀れだ」

と会津に同情する長州兵もいた。

戦争ほど残酷で、無残なものはなかった。

薩摩の西郷隆盛は、大河ドラマ「西郷どん」で大いに株を上げているが、西郷の本質は会津を徹底的に叩くことで、革命を成就させるという冷酷なやり方だった。

落城後の斗南移住はロシア革命のシベリア送りと同じで、会津人をどん底に叩きのめすことで、自らの権威を高めんとした卑劣な行為であった。

庶民をも巻き込んだ戊辰戦争の研究はある意味で、今年が元年といえるかもしれない。

この戦争にどんな意味があったのか。

明治の日本に何をもたらしたのか。

日本人の精神に何をもたらしたのか。

さまざまな問題を残して今後も戊辰戦争は日本近代史の大きなテーマになり続けることは間違いないだろう。

平成三十年秋　　星亮一

著者略歴

一九三五年、宮城県仙台市に生まれる。一関第一高校、東北大学文学部国史学科卒業後、福島民報社記者となり、福島中央テレビ報道制作局長を経て、歴史作家になる。日本大学大学院総合社会情報研究科博士課程前期修了。

著書には『伊達政宗 秀吉・家康が一番恐れた男』『京都大戦争』『呪われた明治維新』『明治維新血の最前戦――土方歳三 長州と最後まで戦った男』（以上、さくら舎）、『偽りの明治維新』（だいわ文庫）、『会津藩は朝敵にあらず 松平容保の明治維新』（イースト・プレス）、『斗南藩――「朝敵」会津藩士たちの苦難と再起』（中公新書）などがある。

『奥羽越列藩同盟』（中公新書）で福島民報出版文化賞、会津藩と新選組の研究でＮＨＫ東北ふるさと賞、『国境の島・対馬のいま』（現代書館）で日本国際情報学会功労賞を受賞。

星亮一オフィシャルサイト
http://www.mh-c.co.jp/

呪《のろ》われた戊《ぼ》辰《しん》戦争《せんそう》
――鎮魂《ちんこん》なき１５０年《ねん》

二〇一八年一二月七日 第一刷発行

著者 星《ほし》 亮一《りょういち》
発行者 古屋信吾
発行所 株式会社さくら舎 http://www.sakurasha.com
東京都千代田区富士見一-二-一一 〒一〇二-〇〇七一
電話 営業 〇三-五二一一-六五三三 ＦＡＸ 〇三-五二一一-六四八一
編集 〇三-五二一一-六四八〇
振替 〇〇一九〇-八-四〇二〇六〇

装丁 石間 淳
印刷・製本 中央精版印刷株式会社

ISBN978-4-86581-178-0

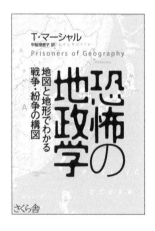